育出生命的奇迹

影响孩子一生的13堂父母课

中意 —— 著

中国青年出版社

图书在版编目（CIP）数据

育出生命的奇迹：影响孩子一生的13堂父母课 / 中意著. -- 北京：中国青年出版社，2018.6

ISBN 978-7-5153-5187-2

Ⅰ.①育… Ⅱ.①中… Ⅲ.①家庭教育 Ⅳ.①G78

中国版本图书馆CIP数据核字(2018)第129752号

育出生命的奇迹：影响孩子一生的13堂父母课

作　　者：中　意
责任编辑：彭明榜　吕　娜

出版发行：中国青年出版社
经　　销：新华书店
印　　刷：北京柏力行彩印有限公司
开　　本：880×1230 1/32开
版　　次：2018年8月北京第1版　2018年8月北京第1次印刷
印　　张：6.75
字　　数：190千字
定　　价：49.00元
地　　址：北京市东城区东四12条21号
中国青年出版社 网址：www.cyp.com.cn
电话：010-57350346（编辑部）；010-57350370（门市）

本图书如有印装质量问题，请凭购书发票与质检部联系调换　联系电话：（010）57350334

前　言

生命是一段神奇的旅程，每个人都应该自足、长乐、丰盛、圆满，让自己的智慧天赋得以发挥和运用，并实现自身对社会进步的价值。然而，并不是人人都能安其所在。既然选择来地球“旅行”，那就在欣赏美景和享受美妙关系的同时，也为生活在这个星球和即将来此生活的人们做点什么，为人类文明出一把力。

写作不是唯一的方式，但也许是我当下最好的方式。变老是发生在我身上最美好的事情，因为很多人还没有到这个年纪就已经被造物主召唤。我相信，每一天都能用惊奇的双眼去探寻世界！我一直相信，每个生命体都是带有使命源的，冥冥中会有一种感召的力量，吸引自己走上那条“英雄之路”。而外在环境中发生的一切都是“使命”的招引。在这条路上，顺达时，可能你选择的方向是对的；困难是包裹着丑陋外衣的“美丽礼物”；而重大的打击，则是检视自己方向是否有误、是否偏离的最好契机。人生方向对了，一切都会如愿而至！

写作著书对我来说总有些困难，因为在这个过程中，总是会有很多的杂念产生，或者有各种事务性的工作打扰，使我不能安定下来笔耕不辍。而追求完美的天性也促使我不断修改、删减内容，不断重塑、推翻，使这本书的出版一再延迟。不过感恩存在给予的无限能量，《育出生命的奇迹》这本书的初稿还是在约定的时间里完成了。

我要感谢我的老师斯蒂夫·吉利根博士。在他的一次研讨会上，我找到了自己的创作模式，并打开了写作的“宇宙之门”。创作的“宇宙之门”一旦开启，就不可能停止下来。酝酿了三年的书籍，内容早已经在“父母课”上讲得滚瓜烂熟，一旦沉静下来，并归于中心，保持内在的中正状态，即将心性回归于阿赖耶识（梵文：आलयविज्ञान，音译 ālaya-vijñāna，又译为阿梨耶识。阿赖耶识心乃是万法之根本故，乃是三乘佛法之根本故，乃是含藏着能令人成就佛果自性之唯一心体故，出世间无漏法亦皆含藏在阿赖耶识心中故，成佛之功德亦含藏在阿赖耶识心中故，成佛之功德亦含藏在阿赖耶识心中故。)，行云流水的写作就很难再停下来了！跟随自己使命的召唤，为自己能为人类社会文明的发展做出一星半点的贡献而满怀喜悦。如果这本书能够帮助奔波在各类儿童培训学校的老师和家长们，能唤起大家对培养孩子完整人格的重视和探索儿童心理学的热情，我将无比荣幸！如果在阅读的过程中，能不断修复自己的生命良知根性，那真应该感恩“无限存在”的恩赐！

孩子是一个家庭的生命礼物。他们经由我们的身体来到这个世界，却从来不属于我们自己。我们抚养他们长大，陪伴他们成长，并在这个过程中享受他们带来的幸福和圆满！作为父母，应时时表达对他们的感恩，感谢他们的信任和选择；表达对生命的敬畏，敬畏孩子可以教会我们重新面对自己的生命，并帮助我们收获新的成长和洞见！孩子是“无限存在”派来让成人找回自我的。我们在出生和成长的过程中弄丢了原本的自我，活在弥彰中、我执中，偏离了生命的本源。养育孩子的过程中，所有被触发的情绪体验都是一种神性的指引。孩子是家庭的一面镜子。孩子的行为触发我们向内观，向生命之初探求：我为什么会如此生气？这愤怒原本属于我自己吗？我的童年发生了什么故事？向内问询，答案就在本书的后面。

人在0~6岁期间完成了人生的初级脚本，在7~12岁这六年时间里，不断自行加工润色从而强化人生的剧本，直到18岁完成了生命的模型。之后的工作、婚姻、人际关系和金钱模式等等，都与这个初级剧本密不可分。当然也和0~6岁的脚本紧密相连。正如我正式动笔写这本书之前，各个章节及其主体内容都已经确定下来。13堂影响孩子一生的“父母课”就是脚本大纲，之后的故事内容和文学手法等等，都是围绕脚本进行的创作。人的一生就是一个创作的过程，0~6岁完成了提纲，7~18岁加工润色丰满，18岁以后开始演绎。各种扮演，各种角色都不会太偏离主题大纲。主题大纲就像一个框架，人只能在这个框架里做各种固定的动作，或称之为模式。而这个模式使人年龄越大就越像自己的父母，这就是原生家庭的巨大影响力。在这个无限可能的世界里，一再重复着经验同样老旧的现实。

- 从人类孩童到人类成人之间的距离到底有多远？
- 框式化的教育如何将人引入“囚笼”？
- 父母如何利用好“早教”这把“锤”？
- 作为父母，什么时候开始学习？
- 你和你爱人的“相爱相杀”到底是为了什么？

孩子的诞生唤醒了我们储存在潜意识里童年记忆，所有加注在孩子身上的言行都是我们自己小时候看过、听过和感受过后留下的印痕。要么自己开始学习疗愈蜕变，要么等孩子长大后他自主学习疗愈蜕变，否则生命的旅程中根本不会有爱、喜悦与和平！

破框出来的方式有很多，学习是最好的也是最安全的一种方式。鸡蛋从外面打破是一盘菜，从内在打破是新生命的开始。希望这本《育出生命奇迹》能够帮助你找到自己的生命本源，活出自己的精彩人生！引用吉利根老师的一句话："运用生生不息的创造力，开启丰盛的未来！"

中 意

2018 年 3 月

目 录

第一课

早期教育的关键期培养

人才竞争的前沿领域，不在大学，也不在中小学，甚至不在幼儿园，而是在摇篮之中！

——剑桥大学寄语

据载，诺贝尔奖获得者大多拥有美好童年。日本在21世纪中期，诺贝尔奖获得者层出不穷。究其原因，除了科学家善于进行工作反省和严谨工作之外，日本的科研环境，对科学家的评价机制和科研经费的保障等因素都功不可没。尤其值得关注的是，获得诺贝尔奖的日本科学家大多拥有美好的童年。他们喜欢亲近自然、探索自然，喜欢阅读也善于阅读。而在他们的成长过程中，父母都扮演了启蒙和引导的重要角色。曾在1973年获得诺贝尔物理学奖的日本学者江崎玲于奈曾说过：

“一个人在人生的最初阶段接触大自然和自然的生活环境，在探索和冒险中获取最初的好奇和探索欲望，这是重要的科学启蒙教育！是通往产生一代科学巨匠的路！”

大余先生小时候就非常喜欢大自然，常常在小河里抓鱼，在野地里捕捉萤火虫，采集昆虫和树叶，常常在野外一玩就是一整天。成年后回想起来，他认为让小孩子爱上自然，爱上科学，让内心对世界保有好奇心，是一切成功的起点。

儿童期的生命体验与人一生的智慧息息相关。因为智慧是与生命遥遥相映的，它为生命服务，从而我们也为生命服务。结果是什么呢？成功！

讲到早期教育的重要性，我一定要先提一下胎儿期母亲心情对孩子的一生影响。曾经做过一个个案咨询，案主对人生没有什么期待，做事情容易心灰意冷，甚至毫无意趣。早晨起床不是容光焕发，反而总是莫名其妙地感觉人生没有意义。喜欢听一些靡靡之音的流行歌曲，沉溺于玩微信、看电影、发牢骚。我要她去了解其母亲在孕育自己的时候心情和状态。反馈的结果是，案主的母亲当年怀孕时，总感觉这个孩子是个累赘，或者心里常常感到委屈和无助。由于环境的因素，由于母亲没有准备好就怀孕了。孕期的不便和痛苦，常常令母亲伤心难过，感觉胎儿是累赘，这种心情会通过微细胞传递给胎儿，胎儿的低价值感便来自于此。低价值感的人容易在情绪极其恶劣的时候转化为低自尊，认为自己什么都做不好。容易患得患失、沮丧、抱怨、拖延。低价值感的人得过且过，即使在外人看来拥有财富和美好的婚姻，也感觉自己不配拥有，认为自己毫无用处，甚至有轻生的念头。而高价值感的人人生积极向上，遇到困难敢于面对，在人生低谷仍然可以保持乐观，乐观和积极会令人生发生逆转，为再次腾飞打下基础。所以，我经常会问家长：“你认为孕期物质营养和心理营养哪个对胎儿的影响力大?”绝大多数人的回答是“都重要”。

其实，只要母亲在怀孕时保持正常健康的饮食，一日三餐按时按需，就可给胎儿提供充足的必备营养。而母亲对新生命的期待和爱护往往是更重要的。美国脑科学家 R. 约瑟夫博士（Dr. R. Ioseph）研究发现，在胎儿时期，大脑会发育出 2~3 倍自身所需的脑细胞。但在怀孕 6~8 个月期间，这些脑细胞中的 40%~75% 会因为细胞连接物质棘突触的缺乏而永久休眠。棘突触的作用是在脑细胞之间传递信息。如果说脑细胞是硬盘，那么棘突触就是传递信息的电路。荆棘突触发育不好，就会出现智力发育障碍、记忆力差等问题，类似于我们所说的“大脑短路”。

丰富的环境刺激可以刺激棘突触的发育，因此胎教就显得至关重要。胎儿在母体内已经有了“意识”。意识，通常分为显意识和潜意识。显意识一般是指外在的，通过五官感受来理性分析的心理活动。而潜意识就是我们不知不觉，没有意识到的心理活动。两者相比，潜意识力量是显意识力量的 3 万倍以上，远远大于显意识。心理学大师弗洛伊德把潜意识比喻成“海面下的冰山”。显意识就是露出海面的“冰山一角”，而潜意识则是埋藏在海面下庞大的那部分。潜意识囊括了人类生存最重要的所有智慧能量，就像一个巨大的磁体，不断地吸收宇宙思想所蕴含的无限知识、力量和财富。一旦开发出这股与生俱来的能力，几乎没有实现不了的愿望。

潜意识包括三大核心要素：信念、价值观、能力。这三大要素是意识和行为的指挥棒。我们的六种意识感官通道（眼、耳、鼻、舌、身、意）接收外界信息传入潜意识，潜意识自然启动原有的“信念、价值观、能力”来辨识：

- 这是什么？
- 它意味着什么？
- 我该怎么应对？

几秒钟之内，我们的潜意识就会因循以往的经验和程序做出最快的反应，用行为的方式表现出来。举例来说：

一位母亲在怀孕期间恭敬谦让，待人有礼，遇事涵养自持，孝敬老人、礼敬他人，同时喜爱阅读国学经典圣贤之书，朗诵优美的诗词歌赋，则腹内的胎儿“意识”得到母亲的滋养，“胎儿意识”就会表现出平和、好学，生存力顽强。如果怀孕的母亲平时注意养成良好的作息习惯，早起早睡，不贪婪物质享受，再配合音乐胎教、光照胎教、语言胎教、运动胎教，还有书法、美术、雕塑等艺术胎教，多适量运动，待人接物态度平和，这样孕育出的孩子适应环境能力超强、爱笑、自我价值感高，心智健全，幸福快乐。教育孩子不仅需要父母在思想上高度重视，也需要像对待自己的事业一样去周密准备、精心谋划，并有条不紊地去贯彻实施。

相反，如果一位怀孕的母亲好于繁杂的街市中与人争执，动则愤愤不平、委屈怨妒，不孝顺老人，说话缺少恭敬谦和，斤斤计较，家长里短念叨个没完。今天破口大骂，明天寻死觅活，好吃懒做，则“胎儿意识”里被渗透了这些，孩子出生后往往好哭不止，生性嫉妒，好逸恶劳。可能你会对此有所怀疑，不过一点也不为过啊！

案例

角色：中年男子

性格：自私、对父母不孝，六亲不和

行为：事事与人计较，朋友越来越少。夫妻关系不通畅，酗酒、谩骂。希望走捷径赚钱，不愿意付出更多的努力，把希望寄托在他人身上。

事件：参与非法集资，房产、存款全部亏损。

性格成因：母亲怀孕时爱与人计较、多愤愤不平，偷懒。被喝醉酒的丈夫打骂。

宝宝的右脑开发

人的大脑分为左脑和右脑。我们从小学到大学接受的学校教育，大部分是开发左脑的。科学家称右脑为“音乐脑”“艺术脑”“灵感脑”“运动脑”。美妙的音乐是一种有规律的声波震动，能够引起人体组织细胞发生和谐的同频共振，这种共振状态能够提高大脑皮层的兴奋度，激发人体的潜能。此外，宇宙能量音乐（明快，曲调平稳柔和的歌曲或乐曲，使听者心里充满幸福、甜蜜的感觉。）能促使大脑分泌出有助于增强记忆力的化学物质“内啡肽”，从而提高人的记忆效率。强大的宇宙能量音乐加上大自然的馈赠的美妙旋律，节奏是每分钟 60 拍左右，与人心跳的节奏相近，能使我们的思维与身体节奏达到更加和谐和彼此配合的地步，有效帮助人集中注意力，使大脑处于最佳脑波态，从而使人记忆力提高，思维敏捷。利用音乐，不一定要专门安排时间，孕妈妈完全可以边学习、边工作、边听音乐。这样做往往会收到事半功倍的效果。

宝宝的正面人格建立

人格养成是受到自我思考和自我意象决定的。当潜意识被输入负面的信念，会形成负面思考；当潜意识被输入正面的信念，会形成正面思考。思想影响着我们的一生，一些人却不那么幸运，他们可能常常挨骂。例如：

“你笨死了！”

“教你几遍了还不会！”

久而久之，这些负面信息会进入潜意识，形成负面思想和消极的自我意象。唤醒宝宝正面潜意识，通过反复输入正面信息，你将看到一个意气风发、不断进取、积极乐观的宝宝。当父母和宝宝的潜意识和意识接收到“我是成功的，我做得很好”之类的鼓舞信息，他们感受到的是喜悦、自信、成就和富足，潜意识里负面的信念将彻底清除！

那么如何进行胎教，向宝宝输入丰富的正面意识呢？在这里和大家分享几种胎教方法：

音乐胎教

我母亲在怀孕期间生活比较顺心，心情状态很好。她喜欢唱歌、唱戏，我还在胎儿时期就接受到“音乐意识”的培养和熏陶，在成长过程中，唱歌和演讲一直是我的特长。特别重要的是，母亲的好心情传递给我“顽强自我认同感”意识，让我在成长过程中不论遇到多恶劣的环境，内心永远感觉拥有无限力量，这也是母亲在怀孕期间给予我的“值得爱”意识。

孕妇在倾听音乐时，自身和胎宝宝都会产生阿尔法脑波，将右脑潜意识中的强大自控力激发出来，使大脑的专注效果大大提升。同时，在音乐胎教中可以帮助胎宝宝建立自己的记忆印痕，不仅可以快速帮助宝宝建立安全感，还能帮助他更好地适应环境。

当然，不是所有的音乐都适合用来进行胎教。我推荐莫扎特的《弦乐小夜曲》，巴赫的《小提琴与双簧管的协奏曲》第二乐章，亨德尔的《皇家焰火音乐》、班得瑞的《安妮的仙境》《加勒比蓝海》等。并非所有的古典音乐和轻音乐都让人听起来舒服，只有部分可以用来做胎教音乐。陈功雄博士花了三十多年时间精心收集了 16 首音乐，制作了专辑《爱和乐》。《爱和乐》分为温馨美乐、益智美乐等，每个乐章的频率、节拍，都能激发出 8~13 赫兹的右脑阿尔法波。这样的频率才符合大脑的科学原理，才能使人快速进入放松而大脑敏锐的状态。很幸运我在 15 年前怀孕的时候每天聆听，心情愉悦平和。

语言胎教

从胎儿期开始培养语感，刺激宝宝的语言神经通路，促进语言功能区的发育，能增强宝宝出生后接收语言信息的能力，奠定其后天对语言学习的基础。

语言胎教的形式多样。准妈妈可以用多样化的语言胎教形式贯穿于所有胎教形式中，帮助宝宝全面感知外界。从早晨起床前，到晚上准备入睡前都可以和胎儿对话，培养胎儿的“存在意识”。“存在感心智模式”由哈佛大学心理学博士霍华德·加德纳提出，并解释为“陈述、思考有关生与死、身体与心理世界的最终命运等的倾向性”。这至关重要哦！哲学家、天文学家在“存在感心智模式”方面尤为突出。

美术胎教

欣赏不同色彩的画作，可以刺激胎宝宝右脑对事物及色彩的感知能力。通过画作冥想，可提高准妈妈和胎宝宝的思维联想能力。这些方法，对胎宝宝将来认识事物和图像思维的能力都有很好的促进作用。孕妇接触色彩是非常美好的一件事情。在一些城市开设有零起点成人绘画、雕塑工作坊。选一个惬意的午后，徜徉在艺术和色彩的氛围里，接受到的熏陶远不止一幅画作。艺术修养本身就属于高雅范畴，胎儿在接受艺术熏陶的过程中，“审美意识”得到发展。这样的孩子对美的欣赏能力、解析能力、领悟能力相对较强，更容易在日后读书时引发黑白文字画面感的想象能力。记忆力也要好很多。

自然胎教

为了促进胎儿的感官发育，准妈妈应多接触满足五官的良性刺激。准妈妈与胎儿一起欣赏美丽的自然风光，倾听鸟鸣声、流水声等大自然的旋律，对胎儿的感官发育很有好处。无论何时何地，准妈妈都可以与胎儿对话，但在大自然中对话能给胎儿带来更多灵感。向胎儿描述眼前的自然景物，就是自然胎教的特色之处。在自然环境中孕妇可以适当增加行走距离。更重要的是，在自然环境中散步还会令分娩更加顺利。在风景优美的大自然中，孕妇的心情平和有爱，周边散发着光芒。而大自然的鬼斧神工，则容易令沉醉其间的人产生敬畏和感知神奇的力量。这种意识能量级别以及巨大的作用，已经被科学地量化。意识能量级别最低位 1，最高为 1000。绝大多数人的能量级别都低于 200。能量级别达到 500 的人只占全球人类总数的千分之四，达到 600 的人只有千分之一。意识的能量级别为 1000，就能攀登上人生和生命的巅峰。专家霍金斯亲眼目睹的唯一一位能量级别达到 700 的人是特蕾莎修女。大发明家爱迪生的能量级别是 470，居里夫人的是 505，庄子的是 710，老子的是 1000。医学界也研究出，癌细胞最害怕“爱”。所以，孕妇在感知大自然神奇力量的同时传递给胎儿的也是抵抗疾病的“高能生命意识”。

其实，胎教并不神秘。早在三千多年前，端一成庄、惟德能行的太妊（商）已经用静养的方法孕育了周文王姬昌。自从有孕后太妊就“目不视恶色，耳不听淫声，口不出敖言”，意思是杂乱无章的颜色一点都不看，喧哗嘈闹的声音一律不听，粗俗鄙露的词一个不说。可以说是开创了中国胎教的先河。

曾经有家长问我："女儿三岁多了，却不喜欢穿女孩子的衣服，不喜欢打扮自己，更愿意穿蓝色和黑色的衣服，像男孩子一样。"如果母亲怀孕时潜意识里更希望怀的是个男孩，或者遗憾自己没有怀到男孩，那么在胎儿的内心会认同母亲的想法和感受，而更愿意自己是男孩以博得父母的开心。从而在出生后的成长过程中捕捉信息，坚定自己原始的男孩信念。从穿衣开始，在打扮上模仿男孩特质，以换取自己更好生存的根性需求。如果这种行为再次获得父母的好感和赞赏，那么在不断强化和自我塑造的过程中，长大后可能也会结婚生子，但无法真正活出"合一的生命力"。内心和外在的冲突会煎熬着她的生命，并且会有深深的自卑感，在这个世界里不断和男人竞争，看谁是真正的强者。我们看到很多女强人身上的特质，也许就能理解了。不幸福、或缺乏幸福感，性生活不和谐等等，是这类人群的普遍生活本质。

当然，胎教对生命的影响还远不如此，请大家重视胎教。

新的开始——诞生

胎儿的肺发育完成，准备好要出生了。成熟的母亲会做好充分准备迎接宝宝出生。出生的过程是一个艰难的旅程，胎儿汲取妈妈的血液和养分，储存在脐带里以备出生时使用。在出生过程中，胎儿争分夺秒地努力，让母亲早点结束分娩的痛苦。如果能顺利出生当然皆大欢喜，因为生命的本源就是从哪里进来的还从哪里出去。

瓜熟蒂落，自然分娩，胎儿经过产道挤压时，全身的每一寸肌肤、每一块骨骼、因被挤压而唤醒。不知道您是否记得泰式按摩时的痛和痛过之后的身心轻快，我想胎儿的出生于此有过之而无不及。能顺利地出生是一种幸运，全新的生命旅程开始了。

而出生后三年内的母婴互动方式，则深深地影响着婴孩成年后的人格模式。我们可以归纳为信任型依恋关系、执迷型依恋关系、抗拒型依恋关系和逃离型依恋关系。

信任型依恋关系

这种类型的人拥有高配得感，认为自己是值得爱的，他人也是值得爱和信任的。在爱情关系中以关怀、亲密感、支持和理解为标志。他们友好、可靠并值得信赖，容易与其他人接近，总是放心地依赖他人和让他人依赖自己。他们既不会过于担心被抛弃，也不怕别人在感情上与自己过于亲近。

执迷型依恋关系

他们对人际关系怀着混合的情感，处于爱、恨、怀疑，拿不起、放不下的情感冲突之中，导致不稳定和矛盾的心理状态。通常，执迷型的人总觉得自己被误解和不被欣赏，认为自己的情人和朋友都不可靠，不愿意与自己建立持久的关系。执迷型的人总担心自己的恋人并不真爱自己，或者会离开自己。因此，一方面希望能与恋人极为亲近，另一方面又对恋人是否可靠和可信满腹猜疑。“因果定律”认为，凡是怀疑的最后都会变成现实。你给出去什么，就会收获什么。你给出去祝福，就收获祝福；你给出去嫉妒，就收获嫉妒；你给出去金钱，就收获金钱；你给出去爱，就收获爱；你给出去担心，就收获无穷无尽的担心。

抗拒型依恋关系

经常处于敏感状态，表现出惧怕别人和拒绝信赖别人的倾向，在关系还未向好的方向转变之前就开始退缩。他们对爱情多疑且冷淡，认为别人不可靠，或过分急于对爱情做出承诺。结果是，他们难以完全相信和依赖别人，只要有人试图在感情上亲近他们，他们就开始紧张。从根本上讲，他们在回避亲密关系。

逃离型依恋关系

这种人对自己和他人都很消极。他们可能出于害怕被拒绝而极力避免和他人发生亲密关系。虽然他们希望有人喜欢自己，但更担心自己因此离不开别人。而一旦建立了亲密关系，又往往会过度担心伴侣会离开自己，整天提心吊胆地防止冲突，避免其他代价过高的关系，甚至有时想到与伴侣亲密相处，他们就会感到恐惧。

成年人的依恋风格形成的过程是由他在年幼时与母亲关系决定的。具体地说，信任依恋型风格的人，在年幼时就和母亲有很好的互动。母亲能敏感识别婴儿的需要，对于婴儿所发出的信号能够精确地解读，并把自己调整到与其一样的节奏和频率。可以说，他的妈妈是个“足够好的妈妈。”而这种依恋风格的人在成人后，极易获取财富和社会地位，并且外在呈现一种心想事成、轻松喜悦的人生格局。

执迷型的人，他们的妈妈往往不那么敏感。所以婴儿必须放大对依恋的表达，用异常的行为来换取妈妈的关注。或者是让自己看起来很无助，以这种示弱的方式来换取关注。

抗拒型的人，往往幼年时想得到安慰的表达从来没有奏效过，甚至表达之后所受到的创伤比不表达而得不到安慰的后果还要重。所以，就选择假装自己没有依恋的需要。这是一种长期压抑和屏蔽而形成的防御性适应。

逃离型的人，他们的父母往往是极端混乱和不可预测的，甚至通常是处于精神分裂症、家暴或处在重大创伤中的。他们对孩子来说既是安全、同时也是危险的来源。孩子不知道是应该亲近还是逃避，处在惊吓和趋近的冲突中而得不到解决。

一个人早年的依恋关系不仅影响到他和别人的亲密关系，而且其他的人际关系也会受到极大的影响。在年幼与母亲所形成的依恋关系，会形成一个人的“心理机制”，也就是一个人如何思考、感受和行动的一套心理模式（也就是我所理解的一个人的“操作系统”）。

年幼时与母亲的依恋关系决定了一个人今后一生的生命底色。在《心理治疗中的依恋》一书中，作者说到：

“心智化促进我们察觉自己和他人的主观体验的解释性深度和表征性特质。以这样的方式，在我们的一生中，心智化都有可能让我们从内心世界和外在现实的嵌入中解脱出来。”

对主观体验的嵌入状态就像是处在一种不知不觉的自动驾驶状态，而心智化可以帮助我们从这种状态中解脱出来，发现自己走错路了，然后马上“重新规划路线”。

生命的窗口：关键期

“问题”这个词隐含着一个美丽的单词“探求”，我真爱死了那个词！

——埃丽·薇塞尔

如果用一座建构辉煌、结构完整的建筑来比作人的一生，那生命最初阶段所呈现出来的关键期行为特征可以说是一扇扇通往幸福殿堂的窗口。每一扇窗在该打开的时候会自动敞开，完全不受人为的控制，并发出熠熠光辉吸引周围环境中的感觉和经验，吸收外在一切美好的能量进入建筑内部并装点这座辉煌的房子。熠熠的光辉仿佛是一种神的召唤，儿童经由召唤而不断重复某种特殊的行为。奥地利著名的生物学家昆拉多·洛伦兹博士发现了著名的“生物关键期”理论。1935 年，他发现小鹅在刚孵化出来的几个小时到十几个小时之内，会有明显的认母行为。它追随第一次见到的活动物体，把它当成母亲而跟着走。如果它出生第一眼看到的是鹅妈妈，就会跟着鹅妈妈走。如果第一眼看到的是洛伦兹，就会跟着洛伦兹走，如果第一眼看到的是活动玩偶，也会把活动玩偶当成“妈妈”而跟着活动玩偶走。洛伦兹把这种无须强化的、在一定时期容易形成的反应叫作“铭记”现象，把“铭记”现象发生的时期叫作“发展关键期”。这种“关键期”现象不仅发生在小鹅身上，几乎所有的哺乳动物都有。很多鸟类也具有这种关键期现象，大雁、天鹅、黄头鸭等等。在儿童绘画作品中我们经常看到，几只毛茸茸的小鸡跟在母鸡妈妈的后面排成一列。这是物种繁衍生息的一种本能存在。

后来，人们开始把主要精力放在人类各种行为（包括心理、技能、知识掌握等行为）的“关键期”研究中，提出了人类“发展关键期”理论。人类心理学关键期理论是指：人类的某种行为和技能技巧、知识的掌握，在某个特定的时期发展最快，最容易受到环境影响。如果这个时期给予良好的环境和正确的教育，可以收到事半功倍的效果；而一旦错过这个时期，就要花费很多倍的努力才可以弥补，或者可能永远无法弥补。

意大利著名的儿童教育家蒙特梭利女士是最早提出了儿童的关键期理论的人：口和手的关键期、行走的关键期、语言关键期、认知细小事物的关键期、秩序的关键期、身份确认关键期、人际关系关键期、书写关键期、空间关键期、审美关键期、逻辑关键期、领袖人格建构关键期、音乐关键期、视觉关键期、占有关键期、分享关键期、婚姻关键期、理财关键期等等，不一而足。关键期中的孩子会表现出对某些事物很敏感，对相关事物的注意力很集中，很有耐心，而对其他事物则置若罔闻。

如果 0~6 岁儿童关键期没有得到很好的发展，那么在 6~12 岁时还有机会修复。最初的敏感性现象是儿童生命成长的内在“需求”，“需求”很好满足。如果“需求”没有满足会演变成“渴望”。“渴望”好比一个渐渐裂开的心理黑洞，已经具有了波动性强大的内吸力，然而看到和懂得“渴望”后积极给予修复，它还有疗愈的机会。如果“渴望”如果还没被满足的话，会演变成“欲望”，“欲望”很难得到滋养，就会形成“瘾”。

嘴巴的需求——生命探索的开端

婴儿出生后的两年内，会用嘴巴来感知和认识世界，这是一种生命“需求”。表现为吸吮母亲的乳头、自己的手指、触手可及的一切物品（玩具、衣物、毛巾等等）。他们靠嘴巴的感知力来认识世界，认识周围的事物。软和硬、温和凉、自己和他人等生命概念皆由嘴巴的吸吮来获取。这两年时间内婴儿不断重复这种行为，在大脑中建构认知概念，并带来心灵的满足。这种满足是：我值得拥有世界上最美好的事物，美好到让我沉醉其中，专注到忽视周围嘈杂的环境。我可以和自己在一起，可以独处，可以自我安慰，可以享受安宁。成人耐心的陪伴当然很好，但是他们短暂忽视我的感受时，我也可以迅速吸吮手指来安抚自己孤独的心。这难道不好吗？

很多父母认为，婴儿吃手是不卫生的，担心婴儿会生病。所以成人阻止孩子吃手，以及那些“不该吃的东西”，会在发现后第一时间阻碍婴儿的“满足口的心理需求”。成人经常会拿“剪刀”不断修剪孩子的“精神人格翅膀”，婴儿会因此疼得痛哭。他眼里充满祈求的光芒，没有学习过儿童心理学的父母是不会懂得的。因而，一个恐惧焦虑（父母）、一个渴望自由（婴儿），他们彼此没有语言的交流，他们的思维没有达到同频，最后受伤的是婴孩。

口的需求没有被满足，逐渐演变成渴望。3~6 岁的孩子会吸吮手指，直到手指变形。从幼儿园开始出现交往的困扰，经常表现出不自信的样子，目光中对外在充满了怀疑和不稳定感。唯一可以满足的是深深的爱的拥抱。可谁又能总拥抱他呢，这个世界上到处都是在找“抱抱”的“人类孩童”。对，找到自己的手指开始饥渴地吸吮、吸吮、吸吮！孤独感会减少很多，内心方可安定的独处。这时候，手是婴孩最好的伙伴！

“你怎么又吃手！快拿出来，看看你的手指，好脏啊！”

当类似这样的声音不断充斥着孩子的周围，快要爆炸了的时候，孩子会想：“我偷偷做总可以吧！你不在意的时候做总可以吧！你既然不懂我你就走开吧，我更愿意一个人待着。我只接受我想接受的人，我只能和一两个小朋友玩耍。”大多时候，会有莫名的孤独和不稳定感。这就是“渴望”了。6~12 岁时孩子会咬铅笔、咬橡皮、咬手指甲，这还在“渴望”层面。随着年龄增加，没有被满足的心理渴望开始形成“瘾症”。那些找我咨询戒烟的人在聊到吸烟时的内心感受时，通常会说：“每吸一口烟都有一种深深的满足感。没有烟抽的时候会莫名的焦虑、急躁，思考能力很难被发挥出来。吸烟时嘴唇的吞吐会引发流畅的交流、平静的思绪，找到稳定和安全！”这种稳定和安全，不正是人在婴儿时期的需求吗？

曾经有一位四十多岁的企业主带着妻子和一岁的孩子来做“儿童咨商”。当我谈到儿童口的敏感期发展遭受阻碍对成人后的影响时，这位男士隐晦地干笑了几声。他看出了我的质疑反应，说：“中意老师，你知道我为什么笑吗？因为我长这么大一直都是咬指甲的，我从来没有剪过手指甲。困惑了这么多年，今天才知道是因为口的敏感期没有发展好！”而“瘾症人格”最终导致的都是失败。“瘾症”的词典解释为个体反复的，不可自制的，反复渴求某种物质或进行某种活动。“瘾症人格”有很多表现形式：烟瘾、酒瘾、茶瘾、性瘾、恋物癖、购物癖等等。尽管知道这样做会给自己带来各种不良后果，但仍然无法控制。有些成瘾者多次努力去改变，但却屡屡失败。瘾被满足的那一刻，成人心理回归到“婴儿国王”状态，极易进入自大、自以为是、目中无人、傲慢的自恃中。而“自恃”往往就是错误的伏笔。比如：喝酒后就开始吹牛，抽烟时很难产生敬畏心。瘾症是对爱的极度渴求，对被认可、被尊重的自体需求行为。

尊重，就是把选择权留给对方。尊重孩子，也体现在尊重孩子的成长步调和心理需求。

心灵手巧

手是人类最智性的工具。我们借助于自己的双手完成对世界的改造。儿童的大脑飞速地发展，每天都呈现出不一样的特质，双手则是功不可没的。中国有句老话叫“心灵手巧”。释放孩子的手吧，让他们用手探索生命、创造奇迹。

在一些研讨会现场，我会请大家把双手放在面前，眼睛深情地望着它们，亲切地、缓缓地对着双手说：“亲爱的，我今天才知道，原来你是我的第二大脑。所以，我要充分地使用你，让你更灵活。你越灵活，我的思维就会越敏捷，记忆力就会越好！”然后放在嘴唇上亲吻自己的双手。这时候，往往会看到大家都亲吻手掌。医生也常常会建议患健忘症的老人多运动双手，例如玩健身球以活动双手，延缓老年痴呆和健忘症。老年人动动手都能够促进脑部的发展，何况婴孩的大脑还处在飞速建构的时期。

婴孩的大脑每天都在发生日新月异的变化，这种“神经演变”的力量相当惊人，并严格遵循着“用进废退”的原则。

首先，抓握反射的内驱力会引导婴孩尝试去抓取碰到的物品，可能是妈妈的手指、碰铃、拨浪鼓等等。一般在 2 个月到 3 个月左右，拇指和食指的分化开始了，婴孩会尝试捏的动作。成人往往担心孩子会把捏到的小物品放进嘴里而发生危险，所以会清理孩子周围的环境。可是成人忽略了，婴孩是自我发展的。我们只需要给他一个“有准备的环境”——即符合儿童关键期和心理发展的预设环境（80% 以上的婴孩父母不懂得儿童心理学，所以，提供的环境往往不符合孩子成长的内在需求）。婴孩的成长内驱力驱动他去寻找和探索可以锻炼拇指和食指运动的事物。例如“捏肉肉”，就是非常舒服和欢快的，拇食指充分合作运动，只不过成人的皮肤就受苦了。

并不是所有的孩子都这么幸运。有的妈妈会在孩子掐自己时，以同样的方式反击孩子，并说：“看疼不疼。再掐妈妈，我就揍你！”

成长关键期表现出来的生命动力支撑着生命向前发展，给父母带来不适，这不是讲道理可以解决的。所以孩子的内心能否得到健康的发展，并不断增长“我是重要的，我是值得被爱的!”的信念，需要父母的细心呵护。反之，孩子的内在会受到严重的伤害：“我不可爱，我不被接纳!”严重的会有极度的挫败感，会在成年后活在“证明”的人格模式里——不断去证明自己是优秀的。那些每天在健身房修炼八块腹肌的成年人，那些透支生命健康拼命工作的工作狂，不都是活在“证明”里吗？前者是证明自己身体的完美，后者是证明自己的工作能力无比杰出。最终，都是为了获得爱和关注!

处于0~2岁手的关键期的孩子还有食指抠、三指抓，拧、推、拍、扔、投、摇、穿等等行为。这些同样在帮助儿童“手的关键期”发展，同时提升孩子的认知能力。这和后期数学和逻辑的学习息息相关。

例如：引导一岁左右的孩子探索“孤立的认识红色”。

动作引导：抓、放

认知引导：

- “红色”命名
- 对不同形状的物体用颜色进行分类的能力
- 锻炼手部肌肉的灵活性

准备好一个袋子，袋子里放各种颜色的小玩具，在孩子情绪平和的时候，和孩子一起探索袋子里都装了什么？从袋子里拿出一个红色的玩具，说：“哇，红色的!”

然后将红色的玩具放在标有红色标签的盘子里。再次从袋子里拿出一个玩具，放在孩子面前，并和前面的红色玩具对比：

“不一样，这不是红色的！”

依次取出袋子里的玩具，并进行对比。当取得是红色时，确认说：

“嗯，这是红色的！”然后放在红色的盘子里，当取得不是红色的玩具，说：“这不是红色的！”然后放在非红色的玩具盘子里。

这个游戏看似很简单，但是对一岁左右的孩子来说，孤立的认识红色意义就不一般了。当然，在游戏中融合进分类、对应和排序的数学元素，那么对孩子寻找规律、发现问题、解决问题的能力提升会有深远的意义。

自然的感应力

孩子会对石头特别感兴趣。从海滩上捡起一块似乎与他有联系的石头，会产生连接感。沿着海滩漫步、玩耍的小孩会自然地捡起埋藏的宝贝，石头、贝壳等东西。他们把贝壳、海螺当作喇叭，还能听到海洋的声音，似乎是海洋对生命发出的召唤！

当孩子练习走路的时候，双脚成了探索外部世界的另一个有效工具。充满灵性的孩子不喜欢穿鞋和袜子，他们喜欢光着脚板踩踏不同质地的地面，特别喜欢在草地上、小山坡上、石子路上来回游走。光滑、柔软、温暖、粗糙、高低、这些信息通过足部神经传递到脑部，这也在激活脑部的发展。当年，19 岁的乔布斯（苹果公司创始人）穿着宽松的衬衣，牛仔裤，光着脚肆无忌惮、淡定从容地走在大学校园里时，也许传递给我们的信息就是：光着脚能与大地有更深的根性连接，这份自由可以唤醒生命的原创力。

一岁左右，幼儿的直立行走期和手的涂鸦期几乎是同时开始的，如果能提供安全的颜料和画笔、整张墙面大的白纸或画布，可以让婴孩手脚并用地随意挥洒，我想“画”出来的一定是很美的艺术作品。画笔是手的延续，手指在不蘸取颜料的时候无法在纸上留下更多奇特的痕迹，笔却可以做到。于是，笔成了手臂的延续，随意绘画在纸上、桌子上、沙发上、衣服上，孩子享受这个过程，建构因果概念和手部、胳膊的肌肉灵活性，促进手眼协调的发展，并开始了最初的涂鸦艺术启蒙。

现在社会，艺术的创作极其昂贵，未来将属于那些拥有与众不同思维的人。人类历史的发展从农耕时代、工业时代发展到现在的信息时代，人类社会越来越重视知识而轻视体力劳动，所以，学校教育偏重知识框架的建立和运用。未来，必将迎来创感时代，由左脑统治的逻辑、线性、基于推理思维方式的“信息时代”即将过去，取而代之的是一个全新的注重右脑，综合的、创造性的，基于“境脉思维”的创感时代。父母保护孩子的灵性创作，保护孩子的天赋能力，给孩子自由。从童年时代开始培养全新思维的人，用未来的眼光教育孩子。注重设计感、故事感、交响感、共情感、娱乐感、意义感的培养。父母每天拿出一点时间投入孩子的游戏中，和孩子一同合作玩耍时。游戏演变成一种力量，是最容易获得未来“创感”的方式。

“自然感应力”中的孩子用游戏揭秘内心世界。有些心事，孩子永远不会说给我们听，但一定会玩给我们看，虽然有时玩的方式会令我们崩溃。“蚂蚁搬家”永远具有超级迷人的吸引力，只要成人不打扰，孩子可以投入一下午的时间和精力沉迷其中。玩“过家家”中的角色扮演更是对现实生活的演绎和创造。“情绪发泄”游戏则以破坏的方式进行，拧掉小玩偶的头和脚，把瓷器玩具摔碎。而“探索与发现”游戏则体现在拆装器物上。期待好的结果，却往往事与愿违，多出一些组装不回去的零部件。“偶像扮演”则是公主与王子的结婚为最终目的。你看，“自然感应”中的孩子就是如此的绽放天性，作为父母，随时随地激活孩子天性中的合作与勇气至关重要。

秩序 = 安全

你将进行富有创造性的灵魂探索，还是将追求只是给予你安全感的生活？你是否会追随自己的热情，还是被动地受规条的牵制？

——坎布尔《英雄之旅》

我们一直被人用常识来教导，但常识往往是偏见的代名词。

秩序的关键期隐藏在童年的最初生命流中。不用教导，孩子天生就拥有秩序这份珍贵的品质。不到一岁的婴孩就喜欢有序的环境，在这样的环境里他们会表现出非常沉静的美，并透着智慧的光。仿佛他只用几个月的时间已经熟悉了自己可以用视觉、听觉、触觉、嗅觉、平衡觉感知到的环境。越小的孩子，身体越智慧，感官越通透。他们无时无刻不在环境中汲取营养，建构自己的生命体系。房间内有时间规律的、明暗交替的光线，轻柔的声音，安全而稳定的房子，小床的位置，房顶的色彩等等，这些基本不会大变化的元素是婴孩内在秩序稳定的基础。如果一个婴孩的生活环境中，这些因素经常变换，或没有规律，孩子内在的安全感、秩序感会被打破。他们会用高频率的哭闹来表达内心的不满。如果成人感受到了他们的需求，及时恢复环境"旧元素"，那是最理想的。可是又有多少父母能理解孩子哭的含义呢？妈妈往往只是走到婴孩的身边，尝试给他喂奶。当发现孩子并非因为饥饿而哭时，妈妈又开始给婴孩换尿布，近乎"粗暴"地检查是否尿裤子了。或者，抱起婴孩轻轻摇晃，来缓解、稳定婴孩的情绪。到最后，妈妈可能因为有事要离开，任由婴孩在一边哭泣。

0~6 岁是人一生中最重要的印刻时期，所有外在的感受会在内心留下痕迹，并逐渐在日后寻找相同的经验来加深，并形成"心灵烙印"，也就是性格的雏形。童年有过这样经历的人，在成长后处理某些事情时，常表出混乱和无序。常在一些问题，特别是重大问题的处理上内心有挫败感，从而退缩、逃避。

1 岁半到 2 岁的孩子喜欢摆鞋，有时候会花费很长时间在鞋柜探索。摆好再打乱，再规整，如此反复。他们在找什么呢？他们在寻求进门时鞋的状态。如果发现和原来不一样了，他们会努力去恢复原来的样子。这是儿童秩序感的天然呈现。

秩序感的敏感期在儿童0~4岁。捉迷藏的游戏最能体现出儿童“在固定的地方出现某个物体是最快乐的”秩序需求。3岁的小女孩和妈妈玩游戏，躲在卧室窗帘的后面，每次被找到时都表现出极度的喜悦，咯咯咯咯笑个不停，开心地说：“妈妈，再来，再来！”当妈妈提醒说：“宝贝，你能换个地方，让妈妈找不到吗？”小女孩是很难做到的，她还是会躲在原地。当妈妈故意找不着时，小女孩会跳出来大喊：“我在这呢！妈妈再来，再来！”然后，又躲在原来的窗帘后面。作为成人，往往会觉得连窗帘都要嘲笑这个孩子了。可是，每一个两三岁的孩子不都是这么玩的吗？我们小的时候也是这样啊！简单的快乐，就是孩子秩序的内在需求呈现的外在行为模式。秩序等于规律，有了规律也就建构了安全，事情会变得简单。

世间万物都有规律。霍金在《时间简史》中带领读者遨游外层空间奇异领域，对遥远星系、黑洞、夸克、“带味”粒子和“自旋”粒子、反物质、“时间箭头”等进行了深入浅出的介绍，并对宇宙是什么样的、空间和时间以及相对论等古老问题做了阐述，使读者初步了解狭义相对论以及时间、宇宙的起源等宇宙学的奥妙。霍金发现了宇宙、星系、黑洞的运行规律。牛顿的万有引力也是规律的呈现。而中国的企业家马云更是发现了“商业运作发展的规律”。有了规律一切都变得简单明了。按规律办事才能事半功倍，出奇制胜！

多年来，我一直从事儿童教育和成人心理辅导的工作。将国际沟通理论和中国的道家思想，以及佛教、基督教等宗教思想的精髓相融合。我发现，提出这些思想的先贤探索出了一套人类心理运作规律。一切的宗教对你说：来吧，这里都是爱！“爱”就是人类世界相处的规律。“爱一个人”和“爱众生”是一样的，没有区别！

成为英雄也是有规律的，坎布尔曾在一段有影响力的文字中写道：“决心成为自己就是一种英雄行为。”好莱坞院线的英雄大片里，也有非常明显的规律：历险的召唤、导师和协助者、阈限守护者、黑暗森林、将恩赐带回社会等等。《星球大战》《变形金刚》系列电影不就是遵循规律而演绎的剧情吗？

宇宙万物皆在有序的运行。0~6岁的孩子们在为自己的未来大智慧储备能量。他们坚守秩序，并在秩序遭到破坏时奋力反抗——哭、闹、打滚，因为小宝贝们最害怕的是妈妈说：“我不要你了！”或者妈妈数“一、二、三”时，80%的孩子会在还没有数到“三”就会放弃自己“坚守界限”的权力。

保护孩子的秩序感，就是保护规律，保护环境中的有序（先后、顺序、方位、空间以及时间线）。

儿童天生都是音乐家

与其说音乐感受的培养是儿童的关键期教育，不如说是儿童天赋的感召。优美动听的音乐传入婴儿的耳朵、大脑和心灵。这是灵魂深处的感召。音乐应该像空气、阳光、水分一样存在，是必须，而不是可有可无！

婴儿印刻式的学习方式不断建立右脑音乐神经连接，会引发脑突触发生奇妙的变化。这种变化在一两年内并没有非常明显的效果。

但是延伸至孩子的一生，育成生命的奇迹。爱因斯坦高超的音乐天分可能不太为人熟知，连日本的小提琴演奏家铃木镇一都曾经跟爱因斯坦学习小提琴。中国原子弹之父钱学森先生也曾经说过，很多创造灵感来自音乐的牵引和感召。

在中国，很多孩子早年没有学习音乐的良好环境。上小学后往往又为了考级而学音乐，为了演出而刻苦练习。甚至有很多的孩子为“继承”父母的“音乐未了情”而被动练琴，失去了自己童年的快乐时光。据调查，在上海市小学生群体中，学习钢琴的就占到70%的比例。这样庞大的群体中又培养出了几位杰出的音乐家或音乐领域的领军者呢？更可悲的是，很多完成考级的孩子，成年后最讨厌的事情就是弹琴，甚至对家里摆着的乐器看都不想看一眼，兴趣何在？

以钢琴演奏家为例。想要演奏出优美的旋律，要感受并调频到所有的细微层面：如何坐着，如何呼吸，手指如何触键，如何离键，身体和耳朵如何感受每个音符的细微触感和绝妙情感，等等。这样的意识和创造力才可以创造出生命更多的可能性。而越小的儿童越能有精妙的感受力和辨别力！所以，不仅在孩子生活的环境中需要悠扬的音乐，而且需要必不可少的音乐游戏。用身体表现音乐的节奏和旋律，在美妙的节拍中踏出可爱的舞步。孩子们蹒跚着，扭动小屁股、抖动肩膀，摇头摆尾的憨态可掬又美丽动人。如果再配合铃鼓、响板、音钟、沙锤、三角铁等儿童音乐游戏的乐器，那就更为完美了。家长们，与其在家宅着，不如带着孩子一起享受音乐的美妙世界吧！

敏感期的命题林林总总，很多优秀的儿童心理学家、教育家和教育工作者们都致力于探寻其中的奥秘，出了很多关于孩子敏感期的著作。我向大家特别推荐意大利蒙特梭利女士的《童年的秘密》和中国孙瑞雪女士的《捕捉儿童的敏感期》。她们的书籍中有很多值得我们好好研习的内容。

第二课

安全感——孩子一生的财富基石

幼小时所得的印象，哪怕是极微小，小到几乎觉察不出，都有极重大极长久的影响。

——洛克

据调查，有幽默感的人通常更容易获得财富，看来财富这股宇宙能量和快乐有关。那还有什么能量和财富有关呢？还有感恩、分享、精进、放松、平静、平和、奉献、给予等等。可能您会好奇，怎么没有占有、索取、控制、紧张、恐惧、担心、忧虑等等这些能量呢？问的很好！占有、索取、控制、紧张、恐惧、担心、忧虑等待这些是贫穷的能量和疾病的能量！关于能量的话题在第七课也会详细阐述。

老子讲“道法自然”，西方心理学称为系统的平衡和个人受系统平衡力量的牵引。明朝王阳明从心出发，我感觉这一切都离不开自然法则：爱的原始动力。缺乏安全感的个体是缺乏爱的，无法和财富力量亲密连接，反而不断地与金钱、财富进行对抗、索取、撇弃、嫌恶等等。而生活是需要钱来维持的，生活的品质也需要财富来支撑，而内心的富足与否会影响行为的方式。一个内心富足的人，即使口袋空空也能做到布施。布施什么呢？布施勤奋、布施微笑、布施谦让、布施知识和智慧。佛教讲“财布施得财，法布施得智慧”，当你发了工资，拿出来一点帮助那些需要帮助的人；当你做了领导，每月给下属多点奖励或报偿；当你拥有更多的钱就开始做点慈善。你看，“万法皆空，因果不空”啊！你给出去什么，就会收获什么！这样的人慢慢地就会拥有的金钱、财富、社会地位了。

安全感是什么？

为什么和财富息息相关？

目前离婚的比例太高了，在某些城市，离婚率达到百分之五十以上。可是你是否知道中国的离婚率为什么那么高？

婚姻中一个重要的元素，就是疗愈原生家庭的原始创伤。童年没有被满足的心理期待，在走进婚姻后希望另一半帮自己疗愈。所以在婚姻中，往往是一方以孩子的口吻向对方索取：“你到底爱不爱我？”“你就不能多点时间陪陪我和孩子吗？”由此给对方造成了困扰。

有一位 29 岁的年轻女性，小孩出生一年后婚姻开始出现危机。爱人在另外的城市工作，这给她强烈的不安全感。爱人疲于奔波在两个城市之间，但是在路上反而是最快乐和自由的。一回到家会感觉窒息，无力去做一名好丈夫和好父亲。我们引导她去回忆童年时期，得知她在出生后三天就被单独放在婴儿房里，给她留下严重的被遗弃的心理烙印。所以总是在人际关系里因缺乏安全感而产生更多控制的行为，在婚姻关系里同样投射了害怕被丈夫遗弃的印迹，因此会产生恐惧。恐惧会产生更多控制行为，这也给丈夫紧张和压力。人都反感被控制，越被控制越想逃离。

安全感是一个人内在生命力的基础。0~3 岁的孩子和父母在亲子互动过程中，父母的平和与陪伴最能滋养孩子的内心，建构良好的稳定人格基础。有了安全的心理基础，孩子会更加快乐，对外在会萌发出浓厚的探索欲望和好奇心，并在安全依恋的滋养下开始冒险的旅程，在不断地试错中积累宝贵的经验，从而获得能力的提升。爱迪生是技术历史中著名的天才之一，拥有超过 2000 项发明。其中最重要的是留声机、电灯、电力系统和有声电影。它们丰富和改善了人类的文明生活。爱迪生发明灯泡的过程中经历了 200 多次失败，他的助手非常泄气，沮丧地说："哎！看来你这辈子都发现不了可以做灯泡的材料了！"而爱迪生的安全感和探索性激发他拥有超越常人的毅力和研究精神，他开心地说："嗨！我没有失败，我是发现了 200 多种不适合做灯泡的物质，这难道不应该庆祝一下吗？"我们也许还记得这位发明家小时候趴在鸡窝的草堆上孵小鸡的故事。什么样的母亲会允许孩子做这样的"傻事"？有安全感的父母才可以让孩子去充分体验生活啊！很多父母内心充满了担心，早晨一睁开眼睛就开始担心。担心迟到、担心孩子不会吃饭、担心缺乏营养、担心穿衣服太厚或太薄、担心孩子被欺负、担心考不上大学、担心找不到对象等等！"担心"是对对方最大的诅咒！

孩子是家庭一面镜子，什么样的父母养什么养的孩子。安全感缺乏又不懂得良好沟通的父母，会经常当着孩子的面吵架，从而毁掉孩子安全感的形成。

婴孩儿出生第一天就有听觉反应，婴儿对听觉的感受分为：

• 抚慰感

妈妈哼唱摇篮曲营造温暖的环境氛围，妈妈的拥抱和轻轻摇摆等，都会带给婴儿被抚慰的感受。

• 警觉

突然发生的巨大声响，如重重的关门声，电视节目里的枪声、鞭炮声等等，会带给婴儿警觉的感受。

• 痛苦

听到父母强烈的吵闹声时，婴儿的感觉是痛苦。身体也会变得僵硬，下意识收缩神经，封闭起来自我保护。如果婴儿经常受到痛苦感受的刺激，势必会影响到听知觉、视知觉的发育。严重的可能将来还会出现感觉统合失调。

知觉能力对孩子的学习和成长起着非常重要的作用，尤其是听知觉能力。老师和家长的辅导，主要以面授的方式进行。需要孩子将听到的信息转换为自己的知觉模式，进行深入表征。如果孩子在这个环节上出了问题，就会影响对信息的接收和吸收。有的孩子在英语学习的听力环节中存在很大的障碍，听到了，却不能正确辨别。有的孩子虽然智力水平、知识结构具备了听课能力，但对教师讲课内容却听而不闻，效果很差。很可能是听知觉能力差的表现。

孩子视知觉能力差会导致各种学习障碍：把字写反，注意力难集中，写字速度缓慢，阅读困难等等。

孩子在幼儿期经常见到父母吵架、打架，心里会紧张恐惧。由于认知水平低，幼儿不能理解父母为什么互相攻击。他不能辨别谁是谁非，更不用说去认定谁是坏的。有的孩子会认为是自己不好引起父母争执，因此觉得自己是坏孩子，从而产生心理负担，引起生理反应，如尿床、上呼吸道感染、免疫功能降低等等。如果家长中有一方是冲动型、情绪失控的人，还有可能导致4岁~8岁的孩子由于受惊吓而在晚上睡觉时尿床。如果母亲遭暴力打击，孩子会感到极度不安全，因为保护弱小生命的母亲都自身不保，他还怎么“活”下去？本能的害怕，会令孩子在幼儿园里退缩，不合群。主动参与活动的欲求低。各种心智和行为发育显得相对落后，这种情况会一直延续到成人阶段！

儿童阶段父母常大吵大闹，还会给孩子带来羞辱感。如果父母是为他的事争吵，孩子就会很难受，觉得自己是坏孩子，甚至会做噩梦。在其他小朋友面前会觉得低人一等。如果父母常在孩子面前提到离婚，那就像在孩子的头上悬了一把剑。他的生活似乎就在等着这把剑掉下来，生活在恐惧和担忧中。这样的孩子，没心思学习，做什么事都兴趣索然。成绩越来越差，自尊感降低。如果因此受到老师低评价的打击，则会进入恶性循环，对今后的人格成长产生一定影响。

有些父母很少考虑孩子的需求与愿望，孩子只能围着大人的“指挥棒”“晴雨表”来转。孩子想去的地方、想玩的东西，因为：“太脏了”“太危险了”而不被阻止。大人高兴时，不管是否愿意，又亲又抱。不高兴时，就嫌弃孩子话多，不愿理睬，有时会用“许愿”来敷衍孩子。有时还会拿“再不听话，我就不要你了”的话语相威胁。在成长过程中，孩子没有得到行动上的自由，或者缺乏正常情绪的释放途径，长此以往，会损伤了孩子探索新事物的动力，使孩子失去自我，对成人不信任，自身失去安全感。

安全感对孩子的成长十分重要，家长应用对孩子给予充分的保护，让孩子感受到安全感。但是，家长过多的保护，同样会导致孩子失去安全感。

家庭温柔的陷阱，特别是隔代疼，往往把孩子保护得太好。这种家庭为孩子成长的每一步，准备好了“清道夫”“铺路石”，剥夺了孩子面对困难的机会，使孩子胆小、畏惧困难，逐渐感觉自己在群体中一无是处，没有自信，以为没有能力把事情做好，自然自身也失去了安全感。

让孩子认识到自己的才干和能力，他才会更自信。家长应尊重孩子，放开孩子的手脚，不要过度干涉和妨碍孩子的自主尝试。孩子想“自己来”，就给他空间，让他自己做。如果没有主动要家长帮忙，无论孩子做成什么样，只要没有危险，家长就不用干涉。但是在孩子表示需要帮助时，家长要马上回应，直到孩子不再需要的时候再放手让他自己做。

母亲是孩子最亲密的接触者，如果母亲经常怕这怕那，多愁善感，情绪变化无常，自己都缺乏安全感，会直接影响孩子做事和生活的态度。只有母亲本人的安全感和价值感足够时，才能有自信、稳定、成熟、理智的养育态度。这样既能减少妈妈自己不必要的内心消耗，同时也会带给孩子安全而平和的状态与气质。

家长常常对孩子提出一些不切实际的目标和要求，常常把自己的孩子与别的孩子进行比较。当孩子不如别人或出现问题的时候，家长会非常着急，抱怨的话、情绪化的行为就会出现，忽视了孩子的感受和情绪。由于我工作繁忙，我的儿子在小学一二年级的时候，被寄养在他祖母家。祖母经常会拿他和年长一个月的姐姐作比较。之后的几年里，每次和我们聊天，他都会表达对家族的所有人，以及自己的学校老师和同学的关爱，唯独不喜欢自己的小姐姐，严重到一提到小姐姐的名字就咬牙切齿，声称是自己此生“最大的仇人”！“比”是一把刀，伤害自己也伤害他人。作为一名儿童心理学的研究者，我用了很多次的心理沟通，才慢慢化解了儿子对小姐姐的敌意。

孩子如果听到过多的表扬，“你真棒”“你太聪明了”等等，会患上“表扬依赖症”，听不进一点反面意见。这样的孩子缺少抗挫折的体验和原动力，常常会很情绪化，缺少安全感。

减少单纯的口头称赞，表扬和鼓励孩子的正面行为时，多描述可视现象，并配合丰富的语气语调和身体动作强化对孩子的认可。例如：

“嗯，爸爸看到你把桌面清理干净很开心！”

“你真是妈妈的好帮手，这么快就把餐具摆好了！”

“哇，你画画的色彩感明快、鲜亮，我很喜欢！”

安全感，人一生的财富基石，就像楼房的地基。如果楼房没有稳固的地基，不仅很难盖起来，即使勉强支撑起来了，也容易坍塌。

安全——快乐

安全——探索

安全——好奇

安全——挑战

安全——协调

安全——创造

安全——和谐

安全——财富

在快乐的感受里，人才会有探索的精神，才会对外在充满好奇。在遇到困难和挫折时勇于面对挑战，并最终获得成长和蜕变。如果在挑战的过程中出现人际关系的问题，总能积极主动的协调。世界是合作共享的，丰富的创造力源自生命内在的流动。当个人的自我觉察力融入一个和谐的、更宏伟的场域中，创造就发生了！而所有的财富都来自生生不息的创造当中！

害怕——僵硬

害怕——死板

害怕——固执

害怕——不愿改变

害怕——控制

害怕——封闭

害怕——错过机会

害怕——贫穷

相反，恐惧的力量总是会让身体处于僵硬的姿态里。肩膀、后背和颈部经常酸痛的人，往往会比较固执、不愿意改变，并经常渴望控制一切的关系和人。当控制力无法产生，关系出现危机甚至崩溃时，逃避的意识自然就会产生。要么故步自封，要么在沮丧中错过机会。而机会又有多少呢？一次次的挫败经历，即使拥有万贯家财也因在不断地错失机会中而挥霍散尽。

所以，带着爱的觉察力，在关系中不断成长吧！

第三课

发现孩子的天赋力——让生命之花绽放

新生儿一出生就有精神生活的需要，有最原始的视觉观察、追随感知、喜欢交往、模仿伴随等智力行为。每一个普通婴儿都能完成与人交往、直立行走、认物记事、用手操作、接受音乐、掌握语言、识字阅读等七大学习任务；都具有无意注意、适应环境、获得敏感、形成印刻、印象记忆、情境领悟、本能模仿、兴趣探求等八大特点。婴儿绝不是只知道吃喝拉撒的一条“消化道”，人类必须重新认识婴儿。

——《0 岁方案》

每年阅读 200 本以上的书籍，不断研究婴幼儿和成人之间的密切根源和灵魂链接，探索自己的成长过程。每个人都是带着自我使命和自我天赋来到地球上的，而天赋的显化需要适宜的环境来育化成长。我小时候喜欢唱歌，玩耍的时候都是哼着歌曲的。母亲在怀我的时候是她心情最为愉悦的时期，家庭条件比较安逸。她每天浇花、种草、编织、唱歌，这给了我很好的胎教。愉悦的感受在“霍金斯能量量表”里为 540 分，代表着耐性、平静、待人的乐观。而普通地球的水能量级别是 200 以下（为“勇气”的级别）。所以我生来生命力顽强，价值感比较高，为什么这么说呢？因为在后来六岁以后经历了父母离异的家庭变故，每天早晨起来都要面对装扮奇特的父亲（我父亲有异装癖）。十一岁时，我和父亲一起被刚参加工作的二姐抛弃。后来经历创业后的失火，负债累累，大姐因借贷被判刑入狱，这些都没有打垮我，反而越挫越勇，不断反省精进。并最后把“助人成长”定义为此生的终极目标，不断修炼自己的灵魂，以让自己在去世的时候灵魂变得更高尚为目标来经营事业和人生。我在想，这是母亲在我生命最初阶段所给予的高价值感和安全感。每每想起，对母亲都心怀感恩！

童年时期我唱歌的天赋被学校发现，被招入了合唱团。80 人的合唱团中我是领唱之一，后来又开始独唱。每次演出老师还会为我安排伴舞，这份荣耀一直内化在成长的过程中。班级的各种活动节目的编排、选拔、组织工作也都是由我负责，包括担任节目主持人。这是我语言能力和音乐能力的最初显化。

记得初中二年级，有一次我去班主任的办公室，当时音乐老师也在，她对班主任说：“这个孩子如果不学唱歌就太可惜了！”后来，由于贫穷畸形的家庭环境，也因我错过了变声期调整的最佳阶段，我没有在音乐的道路上继续深造，反而一头扎在自己并不擅长的数理化的学习上。初中时期成绩还是不错的，可到了高中明显感觉到，学习物理和立体几何比较吃力。而高三文理分科的时候，父亲给我选择了理科。在之后的 7 年时间里，生命的轨迹一直都是偏离的。我对专业缺少热情，在学校里度日如年，开始和同学们整夜打扑克、玩麻将，对考试应付了事。我内心很痛苦，因为这不是我想要的生活，这不是生命的意义。我需要改变，需要调整自己的生命轨迹。在内心深处有一个声音不断告诉我："做你自己，不要随波逐流！你可以更优秀，你可以为社会做更多的事情！"

找到生命中真正的激情，追随它，沿着不是路的路前行，也就是"追随你内心的极乐"。当你毫无疑问地经历"啊哈"的时候，你便知道自己在驾驭秘密！

开始研究"儿童心理学"是因为我要做妈妈了。如何去做一位好妈妈？我开始在书店里寻找此类的书籍，仿佛生命的热情被点燃了，我不断查找资料，论证生命的奇迹。并开始拿起麦克风演讲关于育儿的主题。

一个人可以创造一个伟大的改变。从灯泡到相对论，许多伟大的发明都通过发明家右脑的智力诞生。然而直觉的智力并非专属于天才，每个人都有右脑。我写书的过程也是创作的过程，而右脑的悟性和连接是帮助书稿完成的必然条件。

人的生命状态亦如一株植物，茂盛和枯萎很多时候取决于环境的影响。当阳光、雨露、土壤条件具备时可以开花结果，呈现出繁盛的、花团锦簇的、硕果累累的景象。当被大众需求时，也会带来丰厚利益的回报和自身价值的提升。反之，如果环境不适宜，这株植物会枯萎，会长得矮小，很难开花和结果。对社会的利用价值就低，人会多陷于懈怠、委屈、哀怨、挣扎、饥渴，时时面临生命危险。人是有天赋力的。美国哈佛大学"零点项目"研究所主持人霍华德·加德纳（Howard Gardner）教授将人的天赋细分为八种：语言天赋智能、数理逻辑天赋智能、音乐天赋智能、空间建构天赋智能、身体运动天赋智能、内省天赋智能、人际交往天赋智能、自然观察天赋智能，后来又追加了一种存在智能。并论述了每一个个体的智能各具体点。个体智能的发展方向受环境和教育程度的影响和制约。智能强调的是个体解决实际问题的能力和生产社会需要的有效产品的能力，并承认智能是由同样重要的多重能力，而不是由一两种核心能力构成。承认各种智能是多维度的、相对独立地表现出来，而不是以整合的方式表现出来。

中国有句古话："三岁看大，七岁看老。"三岁之前是人也是神，具有与生俱来的"神性"。三岁前的孩子完全按照自己的本心，通过自己的观察看待世界，并通过运用自己的感觉器官和运动系统来了解世界。很多被社会化了的成年人看不懂婴幼儿行为表现背后的生命内驱力是什么，往往用自己的经验来控制和要求孩子按自己认可的方式来做事和生活。孩子会无数次的抗争，80% 以上的孩子抗争是无效的，这也是社会上的二八法则，80% 以上的人成为普通人，终其一生都很难发现自己的天赋力，哀怨地、麻木地度过一生。其中不到 20% 的少数人，天赋得以在合适的环境中被运化发展，聚焦生活的美好，天赋得到施展的机会，是真正的幸福者。我写这本书的目的也是渴望更多的父母能读懂孩子，领悟生命，穿透阿赖耶识的智慧内核，体悟孩童的内驱力而创造其适宜的成长环境，让生命之花得以绽放，实现孩子人生的价值。

很多生命来地球旅行，在欣赏美景、享受生活的同时，每个人都可以为这个星球做出贡献。我们来看看下面这些拥有个人天赋并创造奇迹的人物：

• 以语言、内省、空间、观察者为主要天赋智能组合的弗洛伊德

西格蒙德·弗洛伊德（Sigmund Freud，1856 年 5 月 6 日—1939 年 9 月 23 日），是奥地利精神病医师、心理学家、精神分析学派创始人。1873 年入维也纳大学医学院学习，1881 年获医学博士学位。1882—1885 年在维也纳综合医院担任医师，从事脑解剖和病理学研究。然后私人开业治疗精神病。1895 年正式提出精神分析的概念。1899 年出版《梦的解析》，被认为是精神分析心理学的正式形成。1919 年成立国际精神分析学会，标志着精神分析学派最终形成。1930 年被授予歌德奖。1936 年成为英国皇家学会会员。1938 年奥地利被德国侵占，赴英国避难，次年于伦敦逝世。他开创了潜意识研究的新领域，促进了动力心理学、人格心理学和变态心理学的发展，奠定了现代医学模式的新基础，为 20 世纪西方人文学科提供了重要理论支柱。

• 以音乐、数理逻辑、空间、内省、自然观察为主要天赋智能的爱因斯坦

爱因斯坦提出的相对论是现代物理学的两大支柱之一（另一个是量子力学）。爱因斯坦总共发表了 300 多篇科学论文和 150 篇非科学作品，被誉为是“现代物理学之父”及二十世纪世界最重要科学家之一。他卓越的科学成就和原创性使得“爱因斯坦”一词成为

“天才”的同义词。

• 以数理逻辑、空间、内省为主要天赋智能的华罗庚

华罗庚（1910 年 11 月 12 日—1985 年 6 月 12 日），出生于江苏常州金坛区，祖籍江苏丹阳。数学家，中国科学院院士，美国国家科学院外籍院士，第三世界科学院院士，联邦德国巴伐利亚科学院院士。中国第一至第六届全国人大常委会委员。

他是中国解析数论、矩阵几何学、典型群、自守函数论与多元复变函数论等多方面研究的创始人和开拓者，并被芝加哥科学技术博物馆列入当今世界 88 位数学伟人之一。国际上以华氏命名的数学科研成果有“华氏定理”“华氏不等式”“华—王方法”等。

• 九种天赋能力均发挥到极致的天才达·芬奇

李奥纳多·达·芬奇（Leonardo da Vinci，1452 年 4 月 15 日—1519 年 5 月 2 日），是意大利文艺复兴时期的一个博学者。除了是画家，他还是雕刻家、建筑师、音乐家、数学家、工程师、发明家、解剖学家、地质学家、制图师、植物学家和作家。他的天赋或许比同时期的其他人物都高，这使他成为文艺复兴时期人文主义的代表人物，也使得他成为文艺复兴时期典型的艺术家，也是历史上最著名的画家之一。

• 语言、人际交往、内省天赋智能为主的美国脱口秀第一人奥普拉。

奥普拉是一个黑人女子，美国脱口秀主持人，世界级名嘴，娱乐界明星，商场女强人，慈善活动家，亿万富婆。她凭借一流的口

才和睿智的头脑赢得了无数观众的赞誉和追捧。她的言语和观点具有影响舆论的魔力，不仅宣扬了美国的价值观，甚至也影响到全球众多国家，创造着文化与商业上的双重价值。“奥普拉效应”已经成为美国大众文化的符号。

“奥普拉”已经成为一种品牌和力量，她代表的是女人的一切。

每个人都为天赋绽放而来，为社会贡献而生。可惜，如果遇到践踏生命灵性的父母，孩子们便无法正常生长，只能活在泥土里被啃咬，灵性被摧残，生活得麻木不仁。

常年奔波在学习成长和讲课的路上，在拥挤的，穿梭着无数生命的人流中，因为自己的清净无为，我可以感受到人流中的焦虑浮躁。车厢里的人电视剧、玩游戏，大声打电话、吃零食、睡觉、训斥孩子，能静静阅读和思考的人凤毛麟角。我在想：这个社会怎么了？

是的，大家都迷失了，迷失了生命的方向，迷失了活着的意义，不会放松。生活紧绷，争名夺利却又往往无能为力！

发现孩子的天赋力，让生命之花绽放！

我的孩子 13 岁休学去北京创业，开了小餐饮店，每天工作 12 个小时。每天坐三个小时的地铁去进货，在店里忙洗菜、切菜、配料、烹饪、清洁、收银、会计核算等等。他累得晕头转向时，我试探性问他：“放弃吧，还回去上学，你还可以过几年车接车送的少爷生活。”他却斩钉截铁地拒绝，再苦再累也愿意。这样距离他的首富梦想更近吗？这样可以让人际智能发挥得淋漓尽致吗？这样可以经历社会、洞悉人性吗？这样可以满足自己对金钱和财富的渴望吗？总之，儿子享受着穿梭于各种总裁班的课堂上，站在舞台上演讲创业的乐趣，我想，这就是他的天赋力绽放的外在呈现。

回想起来，他 8 岁的时候就开始自主理财。喜欢收集各个国家的钱币，关注汇率。他最崇拜的人是比尔·盖茨，梦想超越他的首富位置。他小学六年里都喜欢看《漫画》，常常在床上和地板上排兵布阵，演绎英雄的故事联盟。3 年级，当老师问全班同学的梦想是什么的时候，他对着全班 40 多名同学说："你们好好学习，将来到我的公司上班，给你们最高的工资!" 11 岁时第一次组织全家人给受洪水灾害的灾区募捐，并带着慰问品到邻县灾区去看望受灾的群众，小身板搬水抬米从不喊累。我观察儿子的成长，他的人际关系智能和语言智能特别突出，在人际关系智能里拥有特别优秀的领袖特质。

未来不可预见，常常需要校准人生。当你与自己的心中所愿一致，当你与自己该如何为我们这个世界做贡献一致时，你会改变视角，惊奇地发现所做的一切和我们思维的、身体的、精神的合一是那么的吻合，所有的经历会一一对应起来。就像保罗·科尔贺的小说《炼金师》里的情景："当你想要一件东西，整个宇宙都密谋着帮助你完成它。"

一支枯萎了的花和一支绽放的花有什么区别？

对，区别在于生命力的呈现不同！

一只活着的鸟和死了的鸟有什么区别？

对，区别在于生命力的呈现不同！

当我们看到刚出生的婴孩时，心里涌起好奇、惊喜以及对生命的敬畏，对他不可预知的未来的憧憬、对他圆融外在的喜爱。可为什么随着婴孩慢慢长大，这份好奇、惊喜、敬畏、憧憬、喜爱都渐渐消失了呢？我们开始有了很多的期待，对婴孩的期待。是的，心理学界称期待是“通往地狱的必经之路”。父母期待婴孩成为自己希望的样子，期待一个“好孩子”“乖孩子”“听话的孩子”。活在天赋里的孩子从来不会听话的，特别不会听监护人的话，因为婴孩的内在有个声音是“做自己”！

生命力是生命的源泉力量！

生命力是与生俱来的，但是我们为了不断地适应环境而扭曲自己，去摸索一条怎么生存的路的时候，渐渐放弃了生命力！“求存”是人类潜意识里最大的内驱力，也是我们能够繁衍生息的秘密。

饿了：为了满足自己饥饿的需求，而去做讨好的动作！

获得爱和接纳：为了让自己最爱和信任的人接纳自己的存在价值而放弃了生命力！

生命力是和自己关系和谐，和环境关系和谐！是对生命的敬仰、活出当下的自己，活出来的自己！

当和自己在一起的时候，生命就成了一个通透体，从上到下都是流畅的、通透的。生命力是一股能量，这股能量流动起来的时候，人就活了！

天赋自然绽放！你的灵魂知道，生命值得你倾尽所有去探索，因为那里你会找到家，并踏上你的旅程，别忘了带上你温暖慈悲的心！

做某件事几乎完美的表现+能持之以恒地做下去=天赋优势的表现

每个人都有自己的天赋优势，而这个天赋优势是为你最深的生命渴望服务的。每个人都可以活得精彩、热情，充满能量、具有创造力、享受成功，而且能够始终如一地、近乎完美地去做他最爱的事情，因为这是你的天赋所在。你做的效果就是比别人好十倍、百倍。当大多数人在苦苦地攀登的时候，你已经展翅翱翔在更广阔的天空。

感谢霍华德·加德纳（Howard Gardner）教授，他是世界著名教育心理学家，被誉为“多元智能理论”之父，最为人知的成就是“多元智能理论”。现任美国哈佛大学教育研究生院心理学，教育学教授，波士顿大学医学院精神病学教授。任哈佛大学“零点项目”研究所主持人。专著超过20本，发表论文数百篇，获得超过20所大学颁给他荣誉学位。《纽约时报》称他为美国当今最有影响力的发展心理学家和教育学家。他最早提出人类共有的八种杰出智能。

语言天赋智能

语言天赋智能是指有效地运用口头语言或者文字表达自己的思想并理解他人，灵活掌握语音、语义、语法，具备用语言思维、用语言表达和欣赏语言深层内涵，结合在一起并运用自如的能力。适合他们的职业常常是：政治活动家、主持人、律师、演说家、编辑、作家、记者、教师等。

语言天赋好的人，往往小的时候就喜欢听故事、喜欢讲故事、喜欢编故事，上课喜欢接老师的话茬儿。很多这样的孩子记忆力不是很好，特别是记忆数学公式和定理，总是记不住。但是，他们对生活中的琐事却能记忆深刻，很久以前的事也能回忆起来，遇到适当的场景还能用语言呈现出来。所以语言智能好的孩子普遍数学学得不是很好。例如《围城》的作者钱钟书，上学的时候数学总是不及格。口才极好的阿里巴巴 CEO 马云，考了三年才考取杭州师范大学，也是因为数学差。

语言符号系统的掌握对多数直接领袖至关重要，因为领导力主要通过创建思想来保持的。许多领导人具有“高级语言智能”，据说戴高乐的政治生涯就得益于他的语言能力：

他，昔日的士兵，通过写书告别了无名小卒的位置；曾经的反抗者，通过演讲而成为一国之君；曾经的在野人士，因与媒体的几次访谈便在政治上得以复活；一位总统，靠收音机和电视节目统治政权。最后，他，一只孤独的狼，凭语言与一群思想易变、立场摇移不定者保持联系。

当然，会说话不见得语言能力超群，就如同作文补习班培养不出写作的天才，那些八股文的写作技巧枪杀的又何止一两个天才孩子。5 岁的孩子思维就像“星球大战”，非黑即白。他们热衷于创编故事，期待坏人被打败，好人得到拥护的故事情节。常常在过家家的过程中重复演绎，加强自身的信念系统。千万不要低估了这种“英雄联盟”的故事演绎。语言能力超群的天才领袖们可以通过词汇的选择、例子的选取以及一些非语言的暗示，让持有不同观念的听众“信服”，并站在“自己”一边。运用丰富的声音组合来争取不同年龄、不同信仰、不同阅历的民众。富兰克林·罗斯福和里根、谈判家让·莫内和“圣雄”甘地都是这方面的高手。

数理逻辑天赋智能

数理逻辑天赋智能是指有效地计算、测量、推理、归纳、分类，并进行复杂数学运算的能力。这项智能包括对逻辑的方式和关系、陈述和主张、功能及其他相关的抽象概念的敏感性。数理逻辑智能强的人往往适合做：科学家、会计师、统计学家、工程师、电脑软件研发人员等。华罗庚、陈景润、钱学森及诺贝尔就是这类人的代表。

数理逻辑智能好的人在幼儿阶段往往表现为喜欢玩积木、拼图、拼插类组合玩具。5、6 岁就能读懂简单的表格。专注力极好，没事喜欢一个人默默地看书或玩耍，有的时候大人叫他都好像没听见一样，通常注意力非常集中。这样的孩子记忆力强，特别善于记忆数据和公式，通常理科成绩比较好。不过，这样的孩子往往适应环境的能力不强。别人可能一周就能适应幼儿园了，他们可能需要一个月甚至更长的时间。任性，规矩不能被打破。频繁转换生活环境对数理逻辑智能好的孩子来说是非常痛苦的。天生内在秩序感在 0~4 岁之前会表现得特别强。如果不理解或不懂儿童心理的成年监护人没有耐心疏导孩子内在的压抑和情绪的话，孩子容易极度自卑、胆怯、缺乏自信心，适应社会的能力不强。甚至成人后怀才不遇，还可能出现反社会人格。

多带数理逻辑智能强的孩子接触群体，多做群体游戏并鼓励分享，是一种非常好的智能迁移做法。以强势智能带动弱势智能的发展，并超越原有的水平。

空间探索天赋智能

空间探索天赋智能是指准确感知视觉空间及周周一切事物，对物体的大小、形状、上下、前后、左右、远近等空间概念的认识，以及对物体空间位置关系的认知，并且能把所感觉到的形象以图画的形式表现出来的能力。这项智能包括对色彩、线条、形状、形式、空间关系的敏感度。空间探索智能强的人常常适合做室内设计师、建筑师、摄影师、画家、飞行员等。

欧洲文艺复兴时期的著名人物达・芬奇，少年时已显露艺术天赋。15 岁左右到佛罗伦萨拜师学艺，成长为具有科学素养的画家、雕刻家。他还是军事工程师和建筑师。最著名的作品是《蒙娜丽莎》，现在是巴黎的卢浮宫的三件镇馆之宝之一。

空间智能好的人在婴儿时期就对空间建构非常痴迷。爬楼梯、爬墙头、钻桌子，把垃圾桶套头上，自己坐到洗干净的大锅里去玩耍也乐此不疲。他们特别喜欢涂鸦，喜欢在衣服、墙壁、沙发、床单上涂抹，以满足自己探索的内在生命动力。他们的观察力非常强。幼儿园老师换发型、换服装款式他们都能注意到，并积极发表意见。如果老师新烫了头发，空间探索智能好的孩子会说："老师，你的头发像方便面一样。"而数理逻辑智能好的孩子可能没有什么特别的反应，甚至根本没注意。

音乐表现和创作天赋智能

音乐表现和创作天赋智能是指人能够敏锐地感知音调、音色、节奏、旋律等能力。这项智能强的孩子对节奏、音调、旋律或音色的敏感性强，与生俱来就拥有音乐的天赋，具有较高的表演、创作及思考音乐的能力。他们往往适合做歌唱家、作曲家、指挥家、音乐评论家、调琴师等。例如聂耳、刘欢等等。

过去几年，我一直在思考德国作曲家、音乐教育家奥尔夫先生说过的一句话："人人都是音乐的天才！"研究表明，年龄越小的孩子对音乐的觉知力越高。根据美国 2003 年做的调查，每星期接受三天（每天一小时）艺术刺激的三岁前孩童，成绩比同龄学童优异程度超出四倍，比同龄学童参加数学或科学竞赛成绩高出四倍，比同龄学童获全勤奖比例超出三倍，比同龄学童作文比赛得奖超出三倍。

原始人会敲击石块庆祝打猎的收获，古代人会拿木棍敲击桌面和器具来营造节日气氛。后来开始有了编钟、有了器乐，有了各种词牌等表演形式。我想，音乐就是“神性”的人与生俱来的，而且在生命最早期越表现得淋漓尽致。

我在怀孕的时候就听“胎教音乐”。儿子出生后，我将音乐带入产房，孩子听着熟悉的乐曲声，很少哭闹，在成长过程中表现出超强的语言发展内驱力。后来我指导那些怀孕的母亲同样运用音乐胎教的方式，她们的孩子在年龄很小的时候就表现出语言发展较快的倾向。

早期音乐教育家埃德温·戈登（Edwin E. Gordon，1927 —，美国当代著名音乐心理学家和音乐教育家。戈登从“儿童是如何学习音乐的”和根据学生的个别需要的视角出发，创立了独具特色的“音乐学习理论”，受到音乐教育界的广泛关注。他被看作是与柯达伊、奥尔夫、达尔克罗兹和铃木等人齐名的音乐教育大师，在当代美国乃至国际上产生了重要的影响。）说：“音乐资质是测量幼儿学习音乐的内在潜能。每一个孩子生下来都有天生独特的音乐资质，这个资质在孩子 9 岁前会随着音乐环境的好坏而改变。在我对婴儿和幼儿的研究和观察中，所有的指数都证明音乐资质就是在出生时是最高的。”音乐可以提升孩子的注意力、语言能力、记忆能力和想象能力，让孩子情绪平稳快乐。给婴幼儿进行音乐律动教育对孩子的一生意义深远。当然婴儿听的音乐应该是有选择的，我向大家推荐莫扎特、巴赫、奥尔夫，以及班德瑞专辑等音乐。

孩子的生活经验没有受太多的社会影响而定型，因此他们天然具有对音乐的创造性。没有乐器，他们可以用手、脚、筷子、报纸、皮球、绳子代替进行演奏，充分体现对音乐的创造性。

每位孩子都应该拥有音乐教育的最佳开端。有的家长认为自己的孩子没有音乐细胞，没必要对孩子进行音乐教育，这就错了。艺术是每个人的本能，每个孩子都有性灵感受和体验。

在众多领域里创造奇迹的杰出人物，大多有艺术的灵魂底色，这不是偶然。如何营造“家文化”的艺术氛围，开发和培养孩子的音乐与创作智能，是我们每位为人父母者需要思考的问题。

身体运动天赋智能

身体运动天赋智能是指善于运用整个身体来表达思想和情感、灵巧地运用双手制作或操作物体的能力。这项智能包括特殊的身体技巧，如平衡、协调、敏捷、力量、弹性和速度以及由触觉所引起的能力。身体运动智能强的人适合做运动员、演员、舞蹈家、外科医生、宝石匠、机械师等。例如李宁、邓亚萍、杨丽萍等等。

聋哑舞者邰丽华说：“其实所有人的人生都是一样的，有圆有缺有满有空，这是你不能选择的。但你可以选择看人生的角度，多看看人生的圆满，然后带着一颗快乐感恩的心去面对人生的不圆满——这就是我所领悟的生活真谛。现在的舞蹈都是正常人帮助编排的，那是正常人的舞蹈。我希望能创造出残疾人自己的舞蹈形式。这种舞蹈，要让盲人可以‘看’，让聋哑人可以‘听’，让肢体残疾的人可以‘演’，要让所有残疾人可以共享舞蹈艺术的完美境界。”

身体运动智能好的孩子在幼年时期常常表现出坐不住，注意力不集中，走路喜欢蹦蹦跶跶。人家都排队，他在队伍外围游荡，就是不能遵守规则。喜欢爬高爬低，跳跃扑跌，乐此不疲！家长要抓住孩子的长处给予引导，创造适宜的环境，逐步将无序运动转换成有序运动，加强对孩子身体运动智能的训练。

人际交往天赋智能

人际交往天赋智能是指能很好地理解别人和与人交往的能力。人际交往智能强的人善于察觉他人的情绪、情感，体会他人的感觉感受，辨别不同人际关系的暗示，并对这些暗示做出适当反应。他们适合的职业通常是政治家、外交家、领导者、心理咨询师、公关人员、推销员等。

我的孩子是属于人际智能比较强的类型。3 岁去游乐场和不认识的小朋友玩，一会儿就成了领导者。指挥布阵，嬉戏打闹。4 岁喜欢去串门，有时候住在幼儿园的同学家里。起初我还会担心他晚上睡觉会打电话要求回家。不料，他丝毫不认生，和同学的家人相处得很好，而且经常换不同的同学家。适应环境的能力非常强。他性格幽默，说话表达的方式也灵活，往往有他在的团队都非常融洽。13 岁在北京朝阳区的沃尔玛创业，在激烈的商业竞争环境中表现出色。

人际交往能力由六方面构成：

- 人际感受力

总是能对他人的感情、动机、需要、思想等内心活动和心理状态感同身受。有对自己言行影响他人程度的感受能力。

- 人事记忆力

指记忆交往对象的个体特征，以及交往情景、交往内容的能力。是记忆与交往对象及交往活动相关的一切信息的能力。

- 人际理解力

能够站在对方的角度思考问题。并通过他人的语言、语态、动作等理解并分享他人观点，把握他人的需求，并采取恰如其分的语言帮助自己与他人表情达意的能力。

- 人际想象力

设身处地地为他人着想，运用大脑的意向画面对即将发生的人际互动做良好的情景预演，以及多种情形的推理能力。

- 风度和表达力

指与人交往的举止、做派、谈吐、风度，以及真挚、友善、富于感染力的情感表达，是较高人际交往能力的表现。

- 合作能力与协调能力

这是人际交往能力的综合表现，是企业团队合作的必要能力。

在后面的章节“人际交往七步曲”中，我会重点阐述孩子人际能力形成的关键期及其表现形式。人际能力是人类健康的一剂良药，安全感是人际能力建设的桥梁，而对人脉的经营能力是人际交往能力的最重要的表现。所以孩子幼年表现出愿意外出、喜欢串门、喜欢呼朋唤友玩游戏、喜欢分组游戏等等，都是人际交往能力的前期行为。现在的父母总担心孩子到外边被欺负，要么不要孩子出门，要么在孩子交往中干涉过多，保护过多，这些都有碍于孩子人际关系能力的养成。

自我认知（内省）天赋智能

内省智能是指自我认识和善于自知之明，并据此做出适当行为的能力。这项智能能够让人认识自己的长处和短处，意识到自己的内在爱好、情绪、意向、脾气和自尊，以及独立思考的能力。简而言之，它是指知道自己的强项和弱项，知道自己的需要和才能的能力。内省智能强的人通常适合做哲学家、政治家、思想家、心理学家等。

多年前讲课的时候，这项内容我都是放在最后简单带过。近两年才深刻感受到内省能力的重要性。通过持续内省，自己的自在人生境遇开始蜕变出喜悦与和平的局面。

释迦牟尼佛在菩提树下顿悟，他悟到了什么呢？我们用佛陀的一句话来注解："奇哉！奇哉！大地众生皆有如来智慧德相，只因妄想执着而不能征得。"这是什么意思呢？就是说，一切众生本自具足佛性，只因世界上的众生太贪心，太执着，一念不绝所以无法脱离苦海。所谓"心佛众生，万物一体"，我帮助你就是帮助我自己，我憎恨你就是憎恨我自己。如果能够了解这个道理，人人都能互相尊重，共荣共成。

明朝王阳明（原名王守仁），中国历史上最伟大的哲学家之一。

他的哲学绝非是书斋里的空想，而是实实在在的、可以学以致用的。用到政治上，王阳明成了一流的政治家，不论对手多强大，最后都败给他；用到战争上，王阳明则成为所向无敌的军事家。王阳明的哲学即阳明心学，他认为，心是万事万物的根本。王阳明曾经结合历年来的遭遇，日夜反省。在既安静又困难的环境中，有一天半夜里他忽然顿悟，认为心是感应万事万物的根本，由此提出心即理的命题。认识到“圣人之道，吾性自足，向之求理于事物者误也！”这便是历史上著名的“龙场悟道”。

内省智能占优势的孩子往往开口说话较晚，喜欢独处，喜欢思考。很早对阅读感兴趣，行为上不太合群。别的小朋友在玩沙坑游戏，他自己在一边玩积木。别的小朋友来玩积木了，他又会去教室里看书。特别不愿意改变自己固有的想法，往往软抗拒。父母要给孩子创造适宜的环境，支持孩子的优势智能发展。

自然观察天赋智能

自然观察天赋智能是指善于观察自然界中的各种事物，对它们进行辨别和分类的能力。自然观察智能强的人通常有强烈的好奇心和求知欲，有敏锐的观察能力，能了解各种事物的细微差别。他们适合做天文学家、生物学家、地质学家、考古学家、环境设计师等等。

孩子们外出到田野里、树林中时，都是非常兴奋的时候。观察树叶的脉络，看蚂蚁上树，看泥土里的小虫子蠕动柔软的身体，这是一个全然不同的世界，是一个从宏观到微观再到宏观的世界。孩子们常常能在一个地方呆很长时间还恋恋不舍。

自然观察智能比较好的人喜欢观察植物，喜欢饲养小动物。如果家长们能给孩子们养动植物的机会，对孩子的心性成长是非常有益的。我认识一位优秀的企业家，他最大的爱好不是吸烟、喝酒、打球，而是去森林里剖树根，带回来亲自修整、打磨、塑形，最终做成根雕作品。他有一个房间专门陈列根雕作品，每当不顺心的时候他会和根雕在一起，仿佛一切都得到了净化。这也是一种对生命本质的敬畏感，高效运营企业的灵感也常常在这个时候应运而生。他回忆说："这是很小的时候跟随父亲一起去树林里剖树根养成的习惯，我感谢父亲。"

根据对 25 万个成功的科学家、企业家、运动员、著名歌唱家、商人等研究得出结论：当人们充分发挥和利用自己的长处时，常常最容易获得成功。

除了前面讲到的八种智能外，霍华德·加德纳博士又提出了第九种智能，"存在感智能"。

这些智能不是孤立存在的，而是以共同组合的形式存在，不同的组合呈现出了不同的人类智能倾向性。就我自己而言，我的智能组合比较占优势的是"语言智能""内省智能""音乐智能""人际智能"等，而我爱人果园先生是典型的"自然观察者智能"型人。我们家的狗和猫都是他在照顾，家里的所有植物也是他的最爱。果园先生的爱心，"泛滥"到走路看到蚯蚓都会停下来把它放回泥土里。

白手起家的旅游业大亨康拉德·希尔顿坦率地说起他成功秘诀：

“用心发觉自己独特的才华，那是迈向成功的第一步。我整整花了32年才发现自己独特的长处，并赶紧往旅馆业去发展。”在工作中，如果公司的领导不关注个人的优势，那么敬业的员工占员工总数的比例只有9%，但如果一个公司的领导关注员工的优势，这个比例就会提高到75%。这就意味着，如果领导关注并善于利用员工的优势，员工敬业度的比例就会翻八倍。实际上，不了解自己的天赋，就无法了解自己的限制，也不懂得欣赏别人的优势。许多企业家因此把自己和下属都放在不恰当的位置，结果是他把自己和他人都搞得很累。

比尔·盖茨接手一项发明，然后将其转化为便于用户操作的产品，这是他的天赋优势。但面对法律逆境和商业竞争时，这项天赋对维持和发展企业并不一定奏效。正因为清楚了解自己优势，才更了解自己的限制，所以他选择了合作者史蒂夫·巴尔默来管理公司，因为他在维持公司可持续发展上很有天赋优势。

不仅是工作，在家庭生活中也是如此。一个没有活出自己内心渴望、不了解自己天赋优势的父母如何能发现孩子的天赋？不幸的是，大多数人的天赋在早年就被打压或扼杀了。当然，没有谁的成长是一帆风顺的，我们不可能不受创伤，但是我们面对创伤的方式不一样。那不是一个需要被解决的问题，或需要清除的障碍，你人生最大的创伤背后可能就隐藏着你最大的天赋！

请朋友们思考一下：

我的天赋和内在渴望是什么?

如何疗愈我内在的创伤并转化为资源？

如何绽放我的天赋领导力和真实的魅力？

第四课

专注力——成就大事业的核心动力

今夫弈之为数，小数也，不专心致志则不得也。弈秋，通国之善也。使弈秋诲人二人弈：其一人专心致志，惟弈秋之为听；一人虽听之，一心以为有鸿鹄将至，思援弓缴而射之，虽与之俱学，弗若之矣。为是其智弱与？曰：非然也。

——孟子

一个人的能力大小、成功与否，并不完全取决于他的专业知识，而是取决于他是否能付出不亚于别人的努力，并持久于专注在一件事上。西谚有云：“专注是金。”卡耐基说过，他成功的奥妙在于将所有的资金、精力、思想都投入到所从事的一件事情中去。拿破仑也说过：“专注是人生成功的神奇钥匙”。毛泽东在湖南长沙上学时，为了锻炼自己专注、不受外界干扰的能力，时常带上书到闹市里去读，以此来培养自己的专心和耐心。经过不断练习，他慢慢养成了身处闹市心静如水、专心致志而不受影响的读书能力。

人们常常很难保持对一件事情的专注力和耐心。举个例子：早上起来想读半个小时的书。刚坐下来翻开书，突然接到一条短信。回复过后又想到喝水。一边喝水一边看书，感觉水有点凉，于是去烧热水。烧水的空余时间，看到窗台上的花该打理了，于是浇花。这个时候水开了，冲了杯麦片喝完后，上班走了。桌上还放着翻开了两页的书。

佛教教义称这样的人是六根（即意、眼、耳、鼻、舌、身）不定。此六根个个受自境界，也就是这六根有不同的运作。譬如说，眼根可以看色尘，耳朵可以接收声尘；眼根不能接收声尘，同样，耳根不能接收色尘。所以说六根异行，它们各自所接收的境界也各不相同。意根就是“意为彼此尽受境界”。意思是说，五根所接收的境界，意根都接收了。《大学》中有句话：“知止而后有定，定而后能静，静而后能安，安而后能虑，虑而后能得。物有本末，事有终始，知所先后，则近道矣。”意思是说：学习如果知道应该达到的境界，才能够志向坚定，志向坚定才能够镇静不躁。镇静不躁才能够心安理得，心安理得才能够思虑周详，思虑周详才能够有所收获。每样东西都有根本、有枝末，每件事情都有开始有终结。明白了这本末始终的道理，就接近事物发展规律了。

症状即是处方

学习或工作中，我们常常不能定心明智，心中三十二亿个念头缠绕。念头从哪里来呢？

欲望是其一

学习的时候想着美味的蛋糕，香喷喷的午餐，烤得流油的鸡腿，爽口的饮料、咖啡、牛奶、茶，解瘾的烟，这些有形的物满足人的口腹之欲，让孩子在学习的过程中分心。小孩子都爱吃零食，成人往往会加以控制，担心孩子吃太多零食损毁牙齿、伤害身体。其实，缺少“爱和接纳”的孩子才特别爱吃零食，并嗜好甜食，甚至到不能正常吃饭的地步。这是无形之物对孩子专注力的影响。有形有相的美味诱惑难以抵制，无形无相的“爱”的缺失，对“爱和接纳”的极度匮乏，使得这样的孩子也往往专注力不够好，学业难以达到理想状态。

症状即是处方。作为父母，我们需要学习并诊断孩子的一些症状，并给予积极的关注、正向的关心，给予高品质的陪伴。越小的孩子越容易得到改善，到小学和中学时期，改善起来已经有相当的难度了。成人则基本不能自愈，有必要求助心理咨询师获得帮助。

比如说：

• 拖延症

内在心理需求是“自我减压、自我保护”。

• 瘾症（过量的甜食、肉食、咖啡、零食需要等）

内在的心理需求是“寻求爱和鼓励，自我欢愉”。

• 说话啰唆

内在心理需求是“看我很重要”。

• 多动

内在心理需求是“恐惧、担心、害怕”“你们能看到我太好了，这样你们就不会总吵架，说分手了”。

• 熬夜

内在心理需求是“活着不重要，当下的兴奋很重要”。

- 打断别人说话

内在心理需求是“请多关注我”。

- 抓耳挠腮

内在心理需求是“不知道该怎么办，没有解决的方案，无助”。

人们常常在紧张的工作中匆匆忙忙填充一些汉堡、可乐等垃圾快餐，抱着疲惫的身子勉强完成工作，这种状态中，工作和学习上很难有开创性的突破。

欲壑难填。欲望越多，贪心越大，在食、色、性上迷恋徘徊，注意力放在外在的有形物事上，难以探寻到内在真知灼见。看到身边很多人在追求扬名获利而迷失自己，偏离了专注力的本质。

所以，教育孩子应遵循道，宇宙运行之道。知其雄、守其雌；知其白、守其黑；知其荣、守其辱，从负向走向正面，达到伸展的目的。古今圣人，是道的人格化，是具有道的体性、特征、气质和品格的人，是真正的得道者。

恐惧是其二

恐惧愈深，愈难入定。恐惧的对象可以是单一的，也可以是多样的。

有的恐惧动物，例如蛇、蚯蚓、蟑螂、蚂蚁、蜈蚣等。

有的恐惧广场，人多的场合总想逃避。害怕公众讲话。害怕太空旷、太黑暗的地方等。

有的恐惧闭室。一个人不敢待在家里，一个人睡觉总开着灯。

有的恐惧社交。需要主动去交朋友时，或到了陌生的场合中，会有紧张、恐惧感，想逃避。

恐惧在行为上还表现为表情尴尬，肢体发抖、脸红、出汗，行为笨拙、手足无措。怕引起别人的注意，怕与人近距离接触，尤其回避与别人谈话。缺少安全感。这样的孩子在学习遇到难题时不会主动克服、研究解决，而是总想逃避，不愿意面对问题。潜意识里担心做不好，担心被指责，担心自己不优秀，不可爱。想减轻压力控制，在行为上常常表现为孩子一边写作业一边玩笔、撕碎纸片，在作业本的空页上涂抹，发愣等等。这些问题症状是孩子在给自己减压，也是内心恐惧的外在表象。如果父母看到孩子的“减压行为”，应该及时意识到孩子是遇到了难题，要适时给予辅导。例如，可以这样说：

“看起来今天的作业有点难度，如果需要帮忙可以告诉爸爸哦！我非常乐意和你共同探讨！”

三年级的孩子：“老师今天要求我们写一篇作文，要写30句话。我都不知道怎么写！天哪！30句话还要连贯起来，我从来没有写过，不会！”

爸爸：“那我们来探讨一下。你的难点是要写30句话，还是要把它们连贯起来呢？”

孩子：“都有！”

爸爸：“如果只解决一个问题，你选哪一个？”

孩子：“都不好做！”孩子一边说一边头转向一边，身体姿态是逃避的样子。

爸爸："那，现在闭上眼睛，深呼吸！在脑海中回想一件特别有趣的事情……好的，现在睁开眼睛，一口气写 30 句话，先别管它连贯不连贯！"

孩子望着爸爸目光温柔而又坚定，于是低下头开始写，一口气写了 50 多句话。

相反，严格控制型的父母通常会坐在孩子的身边监督，看到孩子"思想减压行为"时不是给予心理的疏导，而是责骂或者动手打，给孩子的心灵雪上加霜的伤害。

生命中的恐惧源头

出生恐惧

婴儿是带着恐惧来到这个陌生世界的。所以，一出生便用哭来释放恐惧的情绪。父母如果能多拥抱，爱抚婴儿、哼唱儿歌、播放胎教时的音乐，对婴儿多微笑、轻柔地说话，则可以有效缓解婴儿的出生恐惧。

0~3 岁心理营养缺失

0~3 岁有三大重要的心理营养：生命中的至重、无条件的接纳和安全感。三大心理营养对生命的头三年至关重要。

父母吵架

在一个家庭中，父亲是天，母亲是地。父母关系和谐，则天清地明，必出小神童。父母关系紧张、焦灼，整天争吵或冷战，天昏地暗，必出小混蛋。父母吵架孩子往往会认为是自己的错，是自己不够好，不够可爱。这样的家庭中长大的孩子，往往自我价值感偏低。

身体意外伤害

出生后被遗弃，出生时因生病而住保温箱、意外掉落等事件，会给生命最初阶段的婴孩带来很深的恐惧心理。

生产方式

剖腹产的孩子在出生时，身体分泌的肾上腺素是一位成年人心脏病突发时分泌的肾上腺素的20倍以上。这类孩子经常梦中惊撅。中医认为肾主恐。肾气不足，则孩子会常常莫名其妙的恐惧，这样的孩子感觉统合失调，在学习和生活中存在一定的视觉空间判断障碍。例如观测距离不准，左右不分，方向感不明。分辨不出相似的图形或物品。不会玩拼图游戏，协调能力差，动作迟钝、笨手笨脚。经常磕磕碰碰、经常跌倒或撞人。空间定向困难、转圈就晕。不记路，常有头晕或跌倒的感觉。怕上高处或跨越水沟。不喜欢被举高。怕搭乘电梯，不喜欢玩秋千。在学校里则表现得好动不安，注意力无法集中。上课不专心，爱做小动作，喜欢捉弄人。浮躁，爱发脾气，情绪不佳。常写错字、写反字、读反字。他们不愿和别人分享玩具和食物，很难与别人分享快乐。不能考虑别人的需要，容易造成人际关系紧张。有些儿童还可能出现语言发育迟缓、说话晚、语言表达困难等。建议做专业的感觉统合训练。

如何提升注意力

音乐疗愈

音乐可以提升孩子的注意力、记忆力，让孩子的情绪平稳快乐。能开发幼儿的想象力和创造力，发掘幼儿的潜能，塑造幼儿健康活泼的个性。

在人的审美活动中，艺术形象因情而生，使审美主体感同身受，引起欣赏者的种种情感体验。音乐是审美性的艺术。音乐旋律中音色变化和节奏节拍运动过程，焕发出特有的魅力。音乐治疗这门科学的本质，正是在于这种特有的魅力对人类心身的影响和作用。音乐在调动人们思维的记忆、联想、想象等心理活动时，唤起同感，引起人们共鸣。作为审美主体的人，情绪在音乐的诱发中获得释放与宣泄，使积极的情绪被强化、消极的情绪被排除。甚至可以缓解躯体的应激状态，解除心理扭曲和紧张，把原有的消极状态转化为积极情态，创造自我治愈力的机会。因此，经常欣赏音乐，可以解除人不良的身心反应，陶冶性情，改变性格和情趣。

利用音乐改善注意力的方式有：

- 单纯聆听式：超觉静坐法、音乐处方法、音乐冥想法、名曲情绪转换法。
- 主动参与式：进行简单乐器训练，有选择地学习音乐知识、尝试乐曲赏析、演唱歌曲，做音乐游戏等。

运动、感统

感觉统合失调的先天因素包括：

• 母亲在孕期工作紧张忙碌，压力过大、焦虑。运动不够，家务劳动过多或姿势不对，导致胎位不正等，都会影响到胎儿平衡的感觉统合能力。

• 母亲在孕期吸烟（或被动吸烟），饮酒、喝浓茶、咖啡等，引起胎盘血管萎缩，影响胎儿的营养摄入，从而影响胎儿脑神经发育，导致出生后感觉发育不良。

• 早产、剖腹产的婴儿，由于受产道挤压不足，出生后触觉等方面的感觉能力不足。

感觉统合失调的环境因素包括：

• 家长对孩子保护过度，娇宠溺爱，导致孩子操作能力欠缺。

• 都市家庭生活空间狭小，孩子爬行不足，缺少运动或集体活动。

• 过早用学步车，造成前庭平衡感及头部支撑力不足。

• 父母太忙碌，陪伴孩子不足，造成幼儿右脑感觉刺激不足。

• 父母要求太多、管教太严，或期望太高、拔苗助长，孩子受到挫折。

• 母亲或保姆有洁癖，造成幼儿触觉刺激缺乏，且活动不足。

• 延误矫正，造成幼儿自信不足和不良习惯定型。

感觉统合训练是人类最重要的感觉系统训练，可细分为触觉、前庭平衡、运动感觉等等项目的训练。主要有以下几种：

触觉训练：强化皮肤和大小肌肉关节神经感应，辨识感觉层次，调整大脑感觉神经的灵敏度。

训练器材：按摩球、波波池、平衡触觉板。

适应症：爱哭、胆小；情绪化、怕陌生；笨手笨脚、怕人触摸；偏食、挑食；注意力差、自闭、体弱多病等。

前庭平衡觉训练：调整前庭信息及平衡神经系统自动反应机能，促进语言组织神经健全、前庭平衡及视听能力完整程度。

训练器材：圆筒、平衡踩踏车、按摩大龙球；滑梯、平衡台、晃动独木桥；袋鼠袋、圆形滑车。

适应症：身体灵活度不足、姿势不正、双侧协调不佳、多动；语言发展迟缓、视觉空间不佳、阅读困难；自信心不足、注意力不集中；容易跌倒、方向感不明、学习能力和习惯培养困难。

弹跳训练：调整固有平衡、前庭平衡感觉神经系统，强化触觉神经、关节信息，促进左右脑健全发展。

训练器材：羊角球、跳床。

适应症：站姿坐姿不端、身体灵活度不够；多动、注意力不集中；语言发展迟缓、发音不正确；阅读困难；胆小、情绪化；笨手笨脚；视觉判断不良、触觉发展不佳、关节信息不足。

固有平衡训练：调整脊髓中枢神经核对地心吸力的协调，强化中耳平衡体系，协调全身神经机能，奠定大脑发展基础。

训练器材：独脚椅、大陀螺、脚步器、竖抱筒。

适应症：多动不安、容易跌倒、脾气急躁；语言发展不佳、缺乏组织能力及推理能力；双侧协调不良、手脚不灵活、自信心不足。

本体感训练：强化固有平衡、触觉、大小肌肉双侧协调，灵活身体运动能力、健全左右脑均衡发展。

训练器材：跳床、平衡木、晃动独木桥、滑板；S 型垂直平衡木、S 型水平平衡木、圆形平衡板。

适应症：语言发展缓慢、笨手笨脚；注意力不集中、多动不安；情绪化、组织力及创造力不足。

以上训练在孩子 12 岁之前进行效果最佳。

爱的陪伴

父母应该尽量每天抽出一个小时的时间，给予孩子高品质的亲子陪伴。要做到人在、心在和神在。很多家长在和孩子相处的时候，往往人在心不在、心在神不在，孩子总感觉父母爱的支持不足够，就会一直粘着父母。或者总担心自己不被父母接纳和全然爱护，心神难定。所以建议父母在工作的时候不要总想着孩子。同样，在陪伴孩子的时候，把工作留在办公室，全心营造丰富多彩的亲子共处时光。

有趣的学习方式

幼儿园、小学、初中、高中，不同年龄阶段孩子学习的方式不同。个体的兴趣爱好不同，个人用脑方式不同。所以父母应结合学校的课程进度，设计多样化的学习方式引导孩子逐渐开始独立思考、独立设计，这是最科学的。我向大家推荐思维导图、快速阅读和快速记忆的方法。这方面的资料网络上有很多，父母可以查询、筛选，找到最适合自己孩子的学习方式。学习的方式绝不是一成不变的，它是一项复杂的思维运动，寓教于乐，激发兴趣才能有好的效果。

冥想

冥想的作用在于消除障碍，引领人们进入自然、和谐、自我实现的境界，让每个人都想象最美好的一面。日常冥想已经成为我生活当中不可或缺的一部分。可以一天不吃饭，但不能一天不冥想。如果说我们每天要洗脸来清洁面部的话，那同样需要通过冥想来洗心，涤化精神。

引导孩子在上课前或写作业前先冥想几分钟，接下来的状态将变得非常奇妙。请闭上眼睛深呼吸 3 到 5 次，整个身体放松，让自己处于安静的禅定之中，然后想象你正在理想的工作环境中做事。想象一下你在理想的工作环境中做着称心如意的工作，跟老师和同学相处融洽，得到表扬和欣赏，学习获得的结果也令你满意。你可以在想象的过程中加入自己认为重要的细节，比如工作时间、自主性程度以及所承担的责任等等。尝试感受那个可能性，在冥想时，就当它已经是事实了，仿佛已经身临其境。

小眼观天下

学科知识落实到现实生活中会变得更加生动有趣。科技馆、动物园、植物园、飞机场、博物馆等等地方，都是孩子探索世界、学习自然科学的最佳学校。参观画展可以领略浓厚的艺术风格和作品魅力，听音乐会能悟到人与音乐的合一。每年制定旅行计划，省内、省外，国内、国外。总之，根据自己家庭的经济情况设计不同的旅行路线，只要走出去，就会有收获！

用眼观察世界，用脚丈量地球，一直是我持续追求的生活、学习方式。读万卷书不如行万里路，行万里路不如阅人无数。增加孩子的阅历和胆识，体验不同生活方式和礼仪，这比书本知识有趣多了！

沙盘游戏

心理沙盘游戏又称箱庭游戏，它采用了心理映射技术，是目前国际上很流行的心理治疗方法。

除了荣格的心理分析之外，国际上受到普遍推崇的沙盘游戏治疗方法也被人本主义治疗、格式塔治疗和整合性动力治疗等广泛接受，成为表现性和艺术治疗的主流。也逐渐被运用于学校心理教育与心理治疗。

童年期经历对人格发展有着重要的影响，这些经历主要与早期婴儿与父母的依恋关系状况以及儿童早期探索行为受到阻断的程度有关。在沙盘游戏过程中，分析师基本不干预游戏者的活动，儿童可以非常自由地表达自我，宣泄不良情绪，在深层修复受到创伤的早期人格结构。沙盘游戏的本质在于唤醒个体潜意识与躯体感觉，碰撞出最本源的心理内容。

游戏是儿童的天性，也是儿童的主要活动形式和探索世界的桥梁。因此，沙盘游戏很容易被儿童接受，不需要太多的指导，儿童就能很快进入游戏过程。而在心理沙盘游戏疗法中，儿童的投入与合作程度也是任何其他形式治疗无法达到的。

沙盘游戏最初主要用来治疗受虐待儿童、自闭症儿童、情感障碍儿童、恐惧与焦虑儿童、学习困难儿童。此外也特别适合语言能力还没充分发展的儿童或语言能力有障碍的儿童。

偶像效应

你的偶像是谁，你渴望成为谁？

• 父母偶像

小的时候，孩子的偶像常常就是爸爸妈妈。他们感觉爸爸妈妈好厉害。自己使劲蹦都够不到的东西，爸爸妈妈一伸手就取了下来，——多不可思议啊！爸爸可以把我举过头顶，让我像鸟一样飞起来——多不可思议啊！妈妈的怀抱是那么的有爱而温暖，每一次拥抱都像鱼儿融入海洋一样——多不可思议啊！如果爸爸妈妈在工作和生活中也受人尊敬，那么孩子一生都会视自己的父母为偶像。因为他们会觉得父母身上永远有学不完的智慧，渴望成为象爸爸妈妈一样优秀的人。

• 公众偶像

小学高年级是树立孩子的个人公众偶像的最佳时期。我的孩子在 8 岁的时候，经常会听比尔·盖茨的故事，知道他不仅是连续 20 年成为《福布斯》美国富翁榜首富，还是世界慈善家。2000 年，比尔·盖茨成立比尔和梅琳达·盖茨基金会，2008 年比尔·盖茨宣布将 580 亿美元个人财产捐给慈善基金会。儿子从小的梦想就是成为像比尔·盖茨一样成功的企业家和慈善家。儿子三年级时，班主任问班上的同学："你们长大了想考什么大学呢？"有的同学说："我要考北大！"有的同学说："我要考清华！"我儿子站起来，对着全班同学说："你们好好学习，将来来我的公司上班，我给你们最高的工资！"平时不论在国内还是在国外，只要看到有乞讨的人，总是热心的给他们几元钱，当然这些钱都是他自己挣的！在北京大望路地铁站，有位80多岁的老太太每天在那里乞讨，13岁的儿子连续半年每天晚上给老奶奶一元钱，直到离开北京去南昌才停止。

每个人都有自己的成功之路，青少年时的选择与梦想决定孩子的一生。卓越人士寻梦与追梦的故事，会为孩子点燃梦想之灯，引领他踏上成功的捷径。生动的事例和启迪性的故事可以帮助孩子获得人生实现梦想的七个法宝：目标、准备、挑战、自信、勇气、实践、创造。

参加学习团体

中国培养的是下一代领袖，他们的价值观、远见和能力都关系到未来人类社会的前途。在教育教学活动中，注重培养学生的社会责任感和使命感。一个对社会有责任感的人更容易理解他人，更有兴趣不断挑战自己，去探索和解决社会问题的途径，因而更有可能成为社会的精英领袖。同时也能从社会中获得更多的回报，达到人生的辉煌。

玩出创造力

玩就是学，学就是玩。会玩的人才是具有高智商的人。

爱迪生爱玩吧！他发明的留声机、电影摄影机、电灯对世界有极大的影响。他一生的发明共有两千多项，拥有一千多项专利，是影响美国100位人物的第9名。

达尔文也会玩，乘坐贝格尔号舰，历时5年环球旅行，对动植物和地质结构做了大量的考察，提出了生物进化论学说，出版《物种起源》，对人类有杰出的贡献。恩格斯将“进化论”列为 19 世纪自然科学的三大发现之一（其他两个分别是“细胞学说”和“能量守恒转化定律”）。

不过大家要注意，打电子游戏不叫玩，“电子游戏产品”是那些会玩的人设计好固定的程序做出来的，发明和设计电子游戏的才是会玩的人呢！

带着你的孩子尽情玩吧！泥巴、石头子、树叶、水池、沙子等等都是可以玩的。

千万记住，别一玩音乐就考级，一学绘画就评比，一去旅游就写作文。在这些压力下，什么玩的兴趣都没有了，更别说创造奇迹了。能力提升是在愉悦中的自然呈现。相信每个孩子都是天才，都拥有天才的天赋力。

总之，尽情地玩吧！这个世界上 90% 以上的成功者都是玩出来！

专注力，成就大事业的核心生命动力。不仅人类社会专注力能创造一个又一个的奇迹，在动物界也上演着关于专注的精彩故事。美国的一位生物学家曾经拍到一组精彩镜头——有一只麻雀大小的鸟儿扑扇着翅膀，刚刚落在沙地上准备觅食。潜伏在沙地里的蛇猛地窜了出来。鸟儿便用自己的爪子，一下又一下地拍击着蛇的头部。由于力量有限，蛇依然攻击不止。鸟儿一边躲闪着蛇信，一边用爪子继续拍击着蛇的头部，其落点分毫不差。在鸟儿拍击了 1000 多次后，蛇终于无力地瘫软在沙地上，再也动不起来了。鸟的力量的大小显而易见。生物学家唯一的解释就是，这种鸟儿经过长期的经验积累后，终于掌握了一套对付蛇的办法，那就是瞄准蛇头的一个点，长时间专注地去拍打。

第五课

给孩子他（她）想要的爱

爱，如其所是，

而非，如己所想。

在这一课的内容开始之前，我想先谈一下“水中分娩”的话题。

十月怀胎，胎儿在妈妈充满羊水的子宫里不断成长。离开母体后，继续接受与羊水性质相似的水的抚慰，有利于宝宝尽快适应陌生的环境。如果水温控制得与人体温度相同，宝宝离开母体后直接进入水中，未与大自然直接接触，受到的外界刺激较小。水可以缓解胎儿出生时重力对脑细胞的冲击。因此，“水中分娩”诞生的婴儿比普通方式诞生的婴儿受伤害的概率相对要小。

0~1 岁信任与不信任

抚触

新生儿脱离母体的安全保护，来到一个完全陌生复杂的环境，内心充满了恐惧和孤独，需要立刻被母亲拥抱。这种拥抱需要肌肤接触。如果婴儿靠近母亲心脏的位置，感受母亲“砰砰、砰砰”的心跳，温暖的气息能帮助婴儿释放身体的紧张，放松心灵。

0~1 岁宝贝的心理需求是被拥抱、被爱抚、被安慰，与人玩耍、成为人们关注的中心。拥抱和抚触对身体、心灵的滋养作用，只有体验过的人才可以感受到。婴孩这个时候就像“婴儿国王”，“天下之大，唯我独尊”。他的世界里没有比自己更重要的了。在这个阶段，成人要满足“婴儿国王”的存在感。这种特点我称之为“情感依附”——生命中他是最重要的，是唯一性的。

19 世纪，一半以上的婴儿长到 1 岁左右，陆续死亡，病因是身体衰弱，称之为“衰弱症”。在 20 世纪的最后 20 年，美国各地的收容所里未满 1 岁儿童的死亡率竟然高达 100%。是什么原因令这些儿童的免疫力为零？直到二战结束，这些患“衰弱症”的婴儿才真正被关注。

一个婴儿要想健全地发育和成长，他需要被抚摸、扶持、摇摆、拥抱，需要有人跟他轻声细语地说话。一个没有被充分抚摸的婴幼儿，成人后对被别人爱抚和抚摸别人常常会有抵触，会感到不自然、不舒服。通常自尊感较低或遇人遇事容易退缩。电视剧《欢乐颂 1》中的安迪就是典型的例子。父母给 0~1 岁的孩子充分的爱抚和拥抱，会让孩子在成人后触摸别人时感到自然、舒服，并更加快乐、更顺从，更少怀疑而更多信任。

身体是可见的灵魂，灵魂是不可见的身体。掌控必然带来恐惧和压力，无论是控制自己还是操控他人。掌控的迷人外表下，隐藏着深深的无力与恐惧。而那些柔软和放松的人背后却充满着坚定与平静的巨大力量。任由外面风云变幻，他们也能按住自己内心的平静核心。平静、慈悲、接纳，让爱通过母亲的抚触进入婴儿的身体，稳固了那颗已经步入人生旅途，日后要经历无数风雨的灵魂。

拥抱、摇摆

2个月以后，母亲怀抱着婴儿适度地摇摆，可以刺激婴儿内耳平衡系统的发展。减少婴儿车的使用，多用身体和婴儿保持感情的连接。抱着婴儿走路，边走路可以哼唱儿歌，和宝宝说话。

“宝宝，我们到家了，马上就能见到奶奶了！你开心吗?”“妈妈抱着你有一点点累哦，一会儿可以允许奶奶抱抱你吗?”“嗯，妈妈好爱你哦!”等等。

在亲子互动中，帮助婴儿建立对成人和环境的信赖感。

音乐的熏陶

音乐对人一生的影响，我在《天赋力——让生命之花绽放》一课中已经重点讲述。越小的孩子，对音乐的要求越高。最好提供专业的音响设备，用低分贝音量播放轻音乐。如：班得瑞、贝多芬、巴赫、莫扎特等人或专辑的音乐。这些音乐有利于新生儿与环境建立安全的连接，使他们情绪平稳快乐，语言能力的发展也会更迅速。

如果家长能够及时地给孩子丰富的视听触觉、运动和平衡等环境刺激，可以促进孩子脑神经树的生长和神经树连接（突触）的增加，使神经细胞之间连接的网络（回路）建立更健全，更稳固。这样，有利于促进宝宝大脑的发育。如果缺乏有利的环境刺激，宝宝的大脑发育会受到一定程度的阻碍。

丰富的表情交流

4个月到1岁左右，婴儿开始建构安全感的基础。当来到陌生的地方或者接触不熟悉的事物时，他们会转向更有经验的人，观察他们的表情和行为，来判断下一步怎么做。无论是否察觉，我们的情绪通常会表现在面部表情上，影响孩子的判断和行动。表情传递的信息量甚至超过言语传递的信息量的八倍。婴儿更多通过看成人的表情来界定事情的难易，判断对错。成人表情越丰富，对婴儿日后的人际交往能力越有帮助。

语言

半岁以内的婴儿可以分辨不同的语言。如果在一个混血的家族里，妈妈是中国人，爸爸是美国人，奶奶是俄罗斯人，那这个婴儿可以明显感知到三种不同的语言。中国地域广阔，很多区域都有自己的方言。甚至，在四川长大的妈妈、在北京成长的爸爸和来照顾孩子的老人，也能形成三种不同的语言环境。非常有趣的是，到了孩子四岁以后，能使用两种甚至多种中国的方言，再加上普通话和不同的人交流。

给孩子提供丰富的语言环境，例如短小轻快的儿歌、摇篮曲、韵律诗等，都是最好的语言启蒙。我不太建议在孩子5岁前读文言文、古诗词。这个年龄段的孩子是用右脑学习的，右脑属于形象脑、音乐脑、绘画艺术脑，擅长于灵感、创意、运动等等。3岁到6岁开始向左脑过渡，7岁后左脑才开始逐步成熟起来。所以大量的身体游戏和感觉游戏是孩子学习认知世界的有效方式。文言文、古诗词这些缺少形象性的文字内容孩子很快就会忘记。

运动能力和精细动作的发展在一岁以内是最惊人的，在这个时期，婴儿完成从躺着到直立行走的全部过程。三个月翻身、六个月坐稳、八个月爬行、十一个月行走，这期间需要成人给予充分的支持和接纳。不论是从生理成长还是心理需求，这个时期印刻下来的一生都抹擦不去。我们来看一下，0~1 岁没有满足“信任需求”的孩子在成人后的性格和人格特征！

如果这一时期的需要得到满足，孩子会觉得自己生长在一个安全的地方。长大后，他会是一个开朗和信任别人的人！

如果没有满足需要，孩子会觉得自己生活在一个不安全的地方，长大后会出现以下的性格特征：

- 异乎寻常地害怕被遗弃
- 拼命寻找一个依赖对象
- 需要别人的照顾
- 自我中心倾向的人不太擅长观察人的面部表情

与此阶段有关的成人心理障碍：

竭力维持毁灭性的感情关系，而且表现出偏执狂症的倾向，如暴饮暴食，过分需要别人夸奖。

2~3 岁孩子的需要和行为

儿童生理控制力的形成

2~3 岁年龄段的孩子尿裤子、尿床，是极度考验父母的情况。有些剖腹产出生的孩子可能到 8 岁还会有尿床的行为。中医说：恐为肾之志。意思是说恐惧会伤害到肾脏，而出生方式的不同给生命个体的心理伤害是不同的。剖腹产的孩子在出生时，肾上腺素的分泌比心脏病人病发时的分泌量高 20 倍。严重的出生恐惧会让孩子睡觉的时候惊厥、抽搐，睡着睡着就哭几声，睡不安稳。肾的重要性众所周知，古人把肾称为“先天之本”，对这一脏器极为珍重。

《黄帝内经·素问·灵兰秘典论》记载，“肾者，作强之官，伎巧出焉。”把肾比喻成一个大力士，一方面决定身体的力量强弱，与体质有关。另一方面影响大脑的灵活、精细程度，是智力的表现。《黄帝内经》认为，肾气在五脏六腑里最为重要，称得上是人体的“生命之气”。如果把人比作一辆汽车，肾气就是发动机，其消长起落影响着生命的生长盛衰。总的来说，肾气盛则寿命长，肾气虚则寿命短。

弗洛伊德在对梦的解析中提到，梦可以缓解压力、释放恐惧，所以小孩子夜做梦时尿床也就可以理解为是恐惧的释放。但是如何面对孩子尿裤子和尿床的行为，是父母亲需要学习的课题。

面对孩子尿裤子、尿床，不同父母的反应常常各不一样：

- 呵斥

“又尿了，你什么时候能改啊！都这么大了，要尿了怎么不说一声！真烦人！”

- 讽刺

“这么大了还尿裤子，丢人不丢人？羞羞羞！”

- 嘲笑

“一会儿把你尿过的被子晒到小区里，让路过的人都看看你这么大了还尿床，画地图，多可笑啊！”

- 打

手指戳孩子的头或动手打孩子：“打死你！下次再尿就不要你了！”

- 平和面对

“你还小，这个年纪尿裤子是正常的，需要妈妈帮忙换裤子吗？”

“宝贝，这是你专用的小尿盆，下次提前坐小尿盆好吗？这样就不会尿裤子了！”

这个时期对成人后的影响

儿童需要得到满足的正面意义：获得充满自主能力的感觉，觉得对这个世界有一份影响力，从而发展出更多的创造性和建设性行为，更能够活出自己的天赋领导力。

如果没有得到满足，成人后的心理状态：

- 经常觉得自卑，觉得自己没用
- 不相信自己在世界上有存在的理由
- 把自己变成一个需要别人的人
- 觉得自己生存的权力取决于对别人的重要性
- 经常做出不恰当的道歉

2~3 岁时期的心理需求没有被满足后成人心理障碍：

不知道自己的真正需求是什么，往往随波逐流。考大学就心理迷茫，不知道选什么专业，毕业了也不知道为什么工作。在一个地方工作不开心就换一个工作，可能频繁地换行业。特别是很多女性，一怀孕就不工作了，在家带几年孩子。放弃工作不等于放弃对事业的追求，父母本身就是孩子第一模仿的对象。生活即工作，工作即生活。失去工作的女人又怎么能生活幸福呢！

不能拒绝别人的要求！

不会说“no”的人，也不会说“yes”。对别人的要求不会拒绝，或无力拒绝，内心充满了人际交往的恐惧心理，害怕得罪人，妥协讨好，表面上是个老好人，其实心里比谁都苦。

生活中很多年轻的女孩子，面对男孩子追求的时候，明明不是自己喜欢的类型，内心不情愿。可是当受邀外出或被赠送小礼物的时候，往往会害怕拒绝会伤害对方而委屈自己，没有勇气拒绝。一而再、再而三地给对方机会。久而久之成了习惯，到后来草率结婚。婚后感觉不幸福也无力挽回，给生活带来巨大的痛苦。

害怕有新的经验

这样的人不接受新的理论和观点，拒绝学习成长。熬到大学毕业认为自己差不多了，按部就班地生活工作，对新经验采取排斥态度，往往错过人生的机会。

别人说：“有个很好的课程，你来听听吧！”

他会说：“有什么好听的，都是骗人的。我早就知道了！”

别人说：“有个好项目，你去了解一下吧！”

他说：“嗨，什么好事能轮到我？还是算了吧！”

十几年、几十年过去了，事业、人生还是原地踏步，对新事物缺少好奇心，对社会满腹牢骚。

害怕面对别人的愤怒

工作中看领导脸色，生活中看朋友脸色，婚后看爱人脸色。看到别人愤怒就自责，明明不是自己的错，却有罪恶感，往往做出不恰当的道歉。谨小慎微，胆战心惊地生活。

4~6 岁孩子的需求或行为

- 喜欢幻想，创造及按照自己的主意行事
- 发展主动性
- 引导孩子表达他的情绪
- 表达真实的想法

这个时期孩子的需要如果没有从家长那里得到满足，长大后可能出现以下性格（特征）：

- 害怕犯错
- 感到无助及内疚
- 只懂得安慰别人
- 回避风险
- 隐瞒错误

以上性格特征会导致成人后的相关心理障碍：

- 不能认识或表达内心的感受
- 害怕说出内心事情
- 对感情关系负上过分的责任

- 不断去讨好别人

资格感

人自身都有局限性信念：“资格性”局限信念——“我没有资格拥有美好快乐的人生”。例如：“我的命生成这样，是应该受苦的。”解决的方向是不断提升自身价值感，而心理暗示是一种不错的方法。每天早晨睁开眼睛之前反复在心里默念：“我值得拥有这个世界上最美好的东西，我值得拥有完美的关系、完美的健康、完美的关系、完美的人生！太神奇了，我这一天都充满喜悦，感恩出现在我生命中的一切人、事、物。今天所有即将发生的事情都符合我的最佳利益和最高利益，都是来让我越来越好的！感恩，万分感恩！”坚持一个月之后，你会神奇的发现自己的价值感提升了很多。

“我没有资格”是中国人常有的心理，中国的传统家庭教育容易培养出有资格局限信念的人。我们感知世界的方式首先在家庭中形成雏形。在家庭三角关系中，即父亲、母亲和孩子这个三角关系，成了最先接纳我们，同时也可能是最具影响力的。在这个三角关系中孩子既是改变的媒介，也是改变的体验者。在做心理咨询时发现，很多来访者表面上似乎是能力性或可能性的局限信念，但是经过细心分析后发现都是资格性局限信念。即使看上去一个微不足道的习惯，当成人后再去尝试去改变它的时候，大部分人会感到极大的困难。比方说拖延症、怕黑、担心被拒绝、起床时的无力感等等。而那些处于意识层面之下的自动化模式就更难改变了。

正确的爱可以建构起“高价值感”的美丽大厦。美国的盖瑞·查

普曼博士 (Dr. Gary Chapman) 提出的婚姻中“爱的五种语言”，同样也适合在亲子关系中。

爱语一：肯定的言词

人类最深处的需要，就是感觉到被人欣赏。对那些安全感低、有自卑情绪模式的孩子，缺少安全感时就会缺少勇气。如果这时父母能给孩子一些鼓励的话语，往往会激发出对方极大的潜力。

关键词：鼓励、肯定、仁慈、谦和。

“爸爸妈妈相信你一定能想出解决问题的办法!”

“你的想法总能让我惊喜不已!”

“这很有趣，你是怎么做到的?”

“我确定那是很有道理的!”

“欢迎，欢迎！你是我们全家最珍贵的礼物!”

爱语二：精心的时刻

什么是精心的时刻?

给予对方全部注意力的时刻，就是给孩子的精心的时刻。一对男女婚前和婚后分别一起用餐，两种情况下二者的反应非常不同。前者二人彼此注目，后者各自东张西望。称得上精心的时刻必须是全神贯注地关注对方的，可以是只有两人的一顿烛光晚餐，也可以是手拉手的散步。活动其实是次要的，重要的是心思要放在对方身上。

每天为孩子营造一个惬意的固定时间。温暖的空气、悠扬的音乐、舒服的沙发椅，孩子可以倚在父母身上，和父母全心地交流。

爱语三：接受礼物

礼物是爱的视觉象征。它可以是买来的，也可以是亲手做的。礼物是一件提醒对方“我还爱着你”的东西。事实上，这是最容易学习的爱的语言之一。

有位妈妈，每天下班都会带给孩子一片树叶。一年下来这个孩子就拥有365片不同的树叶，都收集在书签盒里。孩子每次翻阅时都感觉自己好幸福，书签盒里满满的都是妈妈的爱。

爱语四：服务的行动

服务=爱。服务是相互的。当妈妈为孩子准备好早晨的第一杯水的时候，可以说：“如果宝宝也能为我接一杯温水，我会特别开心快乐的！”孩子听了，会很快就去做。爱是传承和模仿的。六岁前的孩子非常愿意去服务自己的家人和幼儿园的老师、同学。

爱语五：身体的接触

肢体接触是人类感情沟通的一种很微妙的方式，也是表达爱的有力方式。牵手、亲吻、拥抱、抚摸都是身体的接触。对很多人来说，肢体的接触是他们最主要的爱的语言。缺少了它，他们就感觉不到爱。需要注意的是，如果你伤害过你的孩子，比如轻微的暴力，一定要请求对方的宽恕。另外，要和孩子讨论，喜欢的身体接触是哪一种。有的孩子不喜欢别人随意摸自己的头，那我们可以换成手臂或肩膀。

养育孩子需要有充沛的精力，当你感到力不从心的时候，可以通过冥想来放松自己，打开自己的能量中心。繁忙的工作和家庭事务性会拖垮身体，由早晨的快乐到中午的焦虑，延续到晚上的无奈，所以这种练习十分合适。什么时候开始都可以做，特别在人需要放松和“充电”的时候。

仰卧，双手置于身体两侧或合拢于腹部。闭上双眼，轻柔而深长的慢呼吸。

想象周围和头顶有一个金光闪闪的光环。将意态放在光环上，感觉它从你头顶散发出来，做五次缓慢的深呼吸。

现在将你的意念转移至喉部。想象从你的喉部散发出一个金色的光环。意念放在光环上，做五次深长呼吸。

将意念移至胸部中心。想象金色光环从胸部散发出来。再做五次深呼吸，渐渐你会感觉到能量在不断增长。

接着，将意念转移到肚脐区域，冥想腹部中央放射出金色光环，同时做五次深呼吸。

现在开始冥想骨盆部位的光环，同时做五次深呼吸。感觉光的能量在发散和扩大。

最后冥想脚部的光环，同时做五次深呼吸。

现在想象一下，六个光环同时闪耀，你的身体就像一串宝石那样放射着能量。

深深地呼吸。呼气时，想象头顶的能量从身体的一侧流下来，一直流到脚上。吸气时想象能量沿着身体的另一侧往上流，直达头顶。让能量像这样在身上流转三圈。

然后，呼气时，想象能量从你头顶流经身体前部直达脚部，吸气时想象能量从背部往上流直达头顶。如此循环三次。

现在，想象能量聚合在胸部，让它慢慢穿过身体的各个中心往上流到头顶，就像光的喷泉一般，从你的头顶放射开来。然后通过身体表面回到脚上。根据自己情况，像这样重复几遍。

冥想完成后，你会彻底放松，同时又能量充足，满心欢喜。这个练习非常好！

第六课

人际交往的核心密码

现实生活中有些人之所以会出现交际的障碍，就是因为他们不懂得忘记一个重要的原则：让他人感到自己重要。

——戴尔·卡耐基

大约 99% 的人不知道如何建立良好的人际关系。可能只有 1% 的人掌握了这个打开他人心灵的密钥，能够通过良好的人际关系互动获得比较满意的家庭关系、家族关系、社会关系，并拥有美好的婚姻和家庭、引以为豪的事业、可以自由支配的财富。

社会上有大量教导如何建立人际关系的培训课程，而且收费不菲，动辄上万元。付出昂贵的学费一定会有很好的收获吗？图书馆里也可以发现海量的人际关系学方面的书籍，大包小包带回家，准备认真研读来提升自己的人际交往能力时，很有可能只是自己骗自己。花费大量的精力和时间研读，很可能收效甚微。那原因到底是什么呢？

我想，首先我们要认识“人际关系”这门学问。什么是人际关系的核心密码？在与他人互动的过程中，有时候一个眼神、一个简单的动作，或者一句话就已经奠定了这个关系建立的失败还是成功。

这些动作、眼神、语言模式早在我们童年时期，六岁之前就已经形成了。我们后面的所有反应模式，包括动作、语言、表情，只不过都是套用公式罢了。而这套早已在六岁之前形成的、专属于我们自己的人际互动模式也部分延续于我们的父母，他们的互动模式，还有父母的父母那一辈的，就是我们的“传家宝”，一代一代地传承下去，除非从你开始改变。人类童年时期建立起对这个世界的早期经验，成人后依然依据这些法则来行动。童年游戏时的挫败感经历不会随着时间的推移而遗忘掉，而会在你成人后的人际互动中重复演绎，只是变换了不同的角色和场景，而内核的印刻模式不会改变。

那怎么办呢？还有办法拯救吗？

有的，就是“觉察”。觉察是一种高效快速的成熟方式，最糟糕的是“无知无觉”，就像温水煮青蛙一样，水慢慢变热而没有“觉察”到，一直煎熬到生命的终点。人生所有的不自在在于对真相的不了解，人生所有的大自在在于对真相的了悟。良好的人际互动模式和成熟的亲密关系模式是我们群居型生命体的必修功课。

好吧，我们还是从“根本”上来了解0岁开始到6岁时我们身上的人际烙印是如何形成的吧。

人际交往养成七步曲：让关系走向成熟

第一步：信任

一切的发生都有其源头。婴儿带着恐惧来到这个全新的世界，这个世界和他以前从受精卵发育成生命体的世界完全不一样。婴儿已经熟悉原来的那个温暖的、液态的、没有干扰的地方。那个地方非常安全，可以惬意地吸吮手指、吞咽羊水、倾听那有节奏感和韵律感的心跳声。有时候还会有丝丝微弱的音乐声传来，每当这个时候都是最享受的。胎儿在这个时候能感觉自己在发育、在生长，并大量汲取营养物质，大脑在飞速发展，各种身体器官也建构基本完成。这种舒服的生活似乎快要结束了，学会坚强和面对在胎儿的时候就已经开始了，不论是否情愿，那一刻终将到来……

子宫收缩开始了，母亲将痛苦的感觉透过脐带传递给胎儿。这种感觉是胎儿不喜欢的，因为平静被打破，原来的空间里充满的羊水——自己的生命之水，在一点点地减少，就像我们成人感觉空气在稀薄时，呼吸越来越紧促的那种恐惧感。也许我会死的——胎儿会这么认为！子宫的收缩越来越强烈，空间已经狭小不堪。我该怎么办呢？这时候，有一股力量在推动着胎儿，推动他向前、再向前，虽然看不到前方有什么，也顾不上去看，恐惧已经紧紧包裹了胎儿的身体。母亲（生命发源地）异常的不稳定，尖叫声此起彼伏，紧张、紧张。不知什么时候胎儿内在有了一股强大的力量，这股力量像太阳神的手杖发出的光芒一般，有点刺眼，有点窒息，甚至会眩晕，皮肤、骨骼、身体的每一条神经都被积压着，拉伸、变形……

生命的每一次蜕变都是如此吧！痛并快乐着，痛——绝对是当下的感受，而快乐最终有没有，还要看我们对待生活的方式及周围的环境。

婴儿出生了，被包裹着放在一个小推车里。孤独立刻袭来，这个时候最需要的是母亲的拥抱，需要在离母亲心脏最近的地方和母亲紧密接触。这样可以帮助婴孩找回失落的安全感，唤起小生命的勃勃生机。如果寻找不到，婴孩会用哭来表达：我需要被关注！

婴儿带着恐惧来到这个世界，所以他们来到世界上发出的第一种声音是——啼哭。婴孩的本能告诉自己，啼哭可以获得帮助，特别是获得母亲的帮助（虽然婴孩并不知道那个人是母亲）。因为是自己生命的发源地，所以对她会有强烈的需求，渴望母亲的接纳。这种强烈的心理诉求如果得到满足，婴儿获得的将是人一生中最珍贵的宝贝——信任系统。

人际互动中，如果缺少了信任系统作为底色，整个的互动将会变得机械而僵硬，完全没有了承载和延续任何关系的能力，甚至总有一种想赶快逃离的心理状态。可见信任是多么的重要。

“我非常信任你，所以，你做的一切我都可以理解。可能曾经不小心你伤害过我，因为信任，我认为你不是有心的，并接纳你。”在这样的关系下你感觉怎么样呢？

或者：

“能得到您的信任，我将全力以赴去完成这份工作。今后，凡是您交代的工作，我都会做出最出色的表现！”

这样的上下级关系，你感觉如何呢？

再或者：

“妈妈，你相信我吗？你真的相信我吗？考美国大学的人那么多，而且每个人都那么优秀，我自己都曾经想过放弃。那么，您真的相信我可以做到，并获得常青藤大学的邀请函吗?”

这些都是关于信任关系的正能量对话。

信任的反面是担心、恐惧、焦虑、怀疑。怀疑是对关系说“NO”——你最好离我远点，而且越远越好！担心是对孩子最大的诅咒，因为能量振频和吸引力法则的规律是，凡是你“担心”的都会成为现实。恐惧会锁住生命的能量流动，忧郁症、精神病等都已经被公认为是焦虑引发的身体疾病。

需要得到充分的满足，并不是一次两次就够了，而是要持续很长时间。婴孩会一次一次重复试探自己在母亲心里的重要性。比如：他会在吃奶，吸吮母亲乳头时，偶尔用牙龈咯妈妈的乳头，妈妈会感觉非常疼。母体在婴孩 0~3 个月的时候会分泌一种物质——本体胺，这种激素会让母亲无条件接纳孩子所有的行为，甚至是对自己身体的伤害。所以母亲疼得流出眼泪，依然带着微笑对孩子说：“好孩子，好宝宝，不咬妈妈啊！”这个信号传递给婴孩安全信任感，因为：这个女人不论我怎么伤害她，她都会依然爱我，接纳我！这就是第二种心理营养——无条件的接纳。

拥抱、抚触、摇摆，目光的交流、丰富的表情都会带给婴孩愉悦感。在和母亲的互动过程中建立深深的信任关系，由此为未来的人际关系打下坚实的基础。

信任系统建立不好的成人，在人际关系中总是患得患失。因为害怕失去而紧紧控制，给对方压力和窒息感。如果对方逃离了，自己则会陷入极度的挫败和受伤里。

第二步：依恋

信任系统的雏形完成于婴儿期的前4个月，心理学也称之为共生期。之后，孩子开始进入认生期，开始排斥非日常亲近的人，对熟悉的和亲近的人产生强烈的依恋感。依恋关系和成人后的亲密关系相关联，成人无法拥有完整的亲密关系。有很多心理学家、身心灵的作家虽然精通人类心理学，但由于亲密依恋关系无法实现自身修复而一直单身或经历离婚，更何况普通人呢？由此，缺乏亲密依恋关系的人难免有那种只羡鸳鸯不羡仙的落寞孤独感。

面对认生期的孩子，母亲要给予支持和保护，抚触变得尤为重要。身体的触摸越丰富的人，内心的爱力越强，对异性的选择力会更趋于理性而非感性的冲动。他们在择偶期会更理性判断对方是否适合自己，是否与自己的价值观相符。在婚后通过亲密关系的巩固和理性的技巧达到婚姻和谐完美的能力更强。中国有很多在亲子依恋期没有得到满足的人，带着肌肤的饥渴步入社会。当和异性的身体接触时，会像个黑洞一样渴望吸附对方的身体，渴望被对方拥抱、亲吻，渴望对方的抚摸，内心混乱，分不清楚这到底是爱还是亲密缺失症。带着这份感觉结婚，当彼此没有了新鲜感时，所谓的“爱”也就消失了，理性开始占了上风。随之而来的是大量的抱怨和指责，女人常常会说：“我当初怎么瞎了眼看上你了！”

亲子依恋关系一般会在婴孩五个月到一周岁之间建立起来，这期间父母需要学习如何去正确地爱自己的孩子。

第三步：和母亲分离

一岁左右的孩子会出现“伤害母亲”的行为。而且，母亲越痛苦，自己越开心。例如，孩子无意间用手抓到了妈妈萦绕的长发，这激起了他无限的兴趣。用手去“梳理”妈妈头发的动作源自模仿，妈妈总是时间仓促，头发乱了也是匆匆打理，婴孩看到就开始模仿。当婴孩的手拉扯头发弄疼了妈妈，又看到妈妈大吼大叫、表情夸张，婴孩的表情会很诧异。在这之前，婴孩没有和母亲分离的意识存在，这种动作和对方强烈反应带来的震撼驱动他开始思考生命中一个重大的问题：“她疼，我不疼？为什么？”于是，为了验证那个刚刚萌芽的懵懂的问题，婴孩迅速重复刚才的动作。这次妈妈的反应更加强烈，开始有了愤怒的情绪。于是，妈妈可能会更加夸张地对婴孩吼：“你弄疼妈妈了。怎么能这样伤害妈妈呢?”处在这个时期的婴孩，专注于生命力成长的热情里，那份投入的精神会忽略情感。妈妈的反应验证了孩子内心的一个疑虑：“我和她是两个人啊”“我和她是分离的啊”“我独立了”！

一个获得自由的生命，一个不再是别人的载体的生命，一个自由的灵魂开始觉醒。你知道，重复是孩子的智力体操，独立意识觉醒的过程还需要多次、更多次的重复、再重复。在分娩过程中，胎儿与母体分离是女性一生中最期待和最煎熬的事情。而痛苦并没有结束，还有几个月后的心理分离，也就是心理学所说的“精神分离”。这个过程中，婴孩会无数次抓取妈妈的头发、咬妈妈的身体，以积累分离的经验，获得精神的独立。“我和你是两个不同的人，我们是有分别的，我们有着不同的感受，你的痛苦是属于你的，我和你不一样！”这就是婴儿在和母亲精神分离时期最后得出的结论。

不要小看了这个时期个体的心理成长需求，它对成年后的人格独立有着举足轻重的作用。一个无法接纳孩子在独立过程中的行为的妈妈，或没有很好处理自己和孩子情绪的妈妈，可能会对孩子造成伤害：孩子一生都谨慎小心、唯恐犯错、唯恐得罪人。在工作和学习的过程中唯唯诺诺，人云亦云，没有个人的观点。把自己存在的价值归属于对别人的重要性上。

第四步：占有

在整个儿童人际关系发展过程中，我认为占有期是呈现出的最美的性格发展历程。美得无所顾忌，美得毫不掩饰。就是那么真实的表达：“我的，我的，都是我的！”这难道不也是多数成人心理的呼声吗？只是成人害怕被认为自私，害怕被人知道后而失去朋友，失去亲人的爱，于是只能在心里默默盘算着、计较着、权衡着。“这个可以给，那个绝不给！”“送个便宜的吧，我的钱也不多”“给自己买个贵的吧”！让我们学习一下身边的孩子吧，他们在“占有期”表现出的勇敢、坚强，散发着美好绚丽的、丰富多彩的真实光芒！

因为没有，才会占有！脐带被剪断是相对比较容易的，那一刻是肉体的出生。和母体精神分离的孩子才是真正的出生（精神出生），而精神的出生需要几个月的时间才可以完成。完成了的孩子需要迅速地丰富自己的物质和精神世界。那么“占有”就产生了。

他们占有玩具——所有的小玩具，包括一个小汽车的轮子都是不能随意丢弃的。可以暂时搁置在那里，但是不可以拿走！

他们占有空间——小床是我的，爸爸妈妈的大床也是我的，整个家里的空间都是我的。

他们占有资源——我的奶奶、我的妈妈，特别是妈妈。这是我一个人的，只能我一个人占有，紧紧地占有。爸爸，你就不要想了！

成人会认为孩子太“自私”，我们可以换一个词，叫“自我”。

自我，更多的是对自身的了解。通过不依靠别人能力，不剥夺别人权利，或拒绝外界任何帮助，而实现自身价值或欲望，且不在意周遭的感受。自私，则更多倾向于对自身了解不足，或是认识到自身不足，但又无能为力或是不思上进，通过依靠别人能力或是剥夺别人的东西而实现自身价值或欲望。自私是一种只对自身认可，也不会在意别人的感受。而自我更倾向于自身价值，自私则是自身欲望。无论是自我价值也好，自身欲望也罢，自私和自我都会触及别人的利益。

1~2 岁的孩子处于“高自我”期。一岁多的孩子连妈妈上厕所都要跟着。如果妈妈全然接纳，则孩子会比较快和稳定地渡过这个时期，如果妈妈总是厌烦或表现出不认同，那么孩子会表现得特别依赖和害怕被遗弃。成人后，这种影响仍然存在。

例如：甲乙两个人，他们获得了同样的财富。甲内心富足，经常帮助别人，喜欢和他人协作、分享。十年后，追随的人越来越多，事业也越来越大。和他合作的人都收获了能力和财富，大家非常开心！

乙内心匮乏，总感觉自己的钱太少，所以不断向别人索取。能不给的就不给，对自己的员工克扣计较，和他合作的人到最后都因为利益分配不均而不欢而散。十年后，乙的个人资产不仅没有增加反而缩水了很多。还不断抱怨："市场行情不好，人心太自私狡猾，生意真不好做!"觉得甲比较幸运，总能看准项目，也抓到了好机会。

甲乙两个人的外在财富是一样的，不同的是内心。富足——我有，有很多，多到可以分享，还可以再分享！匮乏——我很少，少得养不起自己，失去就会恐惧，只能不断占有。给别人钱的时候揪心，获得金钱的时候无比兴奋，不过这个兴奋时间非常短暂，很快就又会陷入不安状态。担心钱会变少，担心账户里的钱流失。合作后需要分钱给别人就不情不愿，抠抠索索。这样的人无法和他人建立合作共赢的关系。分配不均时容易产生官司的纠纷，遏制生意的进一步发展。遇到经济形势不好时便容易破产。"占有的关键期"发展对人际关系的影响、对金钱关系的影响、对亲密关系的影响、对事业的影响如此之重，所以，满足孩子的占有欲吧，让孩子拥有自己的玩具和物品的所有权和支配权，并尊重孩子的选择权，让孩子成为一个内心富足的人!

把自己的生命当作第一优先的重要性，可以享受美好而健康的食物，而不是随便地往嘴里塞一些垃圾的、半冷的食物。我有权利和能力去拥有任何我想要的东西，也只有我自己才能决定这件东西的归属!"占有"期孩子的美就在于此。

第五步：分享

拥有了，内心富足了，才开始分享。分享期的教育重点是体会与他人分享的快乐。愿意与他人分享，并知道怎样分享。别人有困难时能主动提供帮助，以帮助他人为自己的最大快乐。这个时期的孩子一般年龄在 3 岁左右。他们喜欢拿着玩具到楼下和院子里的小朋友分享，也喜欢准备到幼儿园里要分享的食物。我一直喜欢蒙特梭利的教育模式，这种模式中有个环节叫“分享日”。“分享日”这一天，所有小朋友都带着自己的东西，可以是吃的、玩的、看的等等，和大家分享。孩子们也特别期待这一天的到来。这样的“分享日”可以帮助一些孩子尽快地度过“占有”期，来到“分享”的阶段。

生命的成长是循序渐进的，不能操之过急。急功近利的教育短时间看来效果不错，可是放到几十年时间里，会变成沉重的负荷，对未来的人生无益。孩子分享期的教育也是如此。

三岁的小女孩叮咛，和妈妈商量，想带一盒饼干到幼儿园和小朋友分享。妈妈觉得进口饼干太贵，有点舍不得，于是拿了一袋“乐滋”给孩子，一边说：“那个不好带，就带这个吧！”

孩子可能会不停地问为什么不能拿那个大盒的，妈妈仅仅应付孩子。如果孩子喜欢刨根问底，妈妈可能会不耐烦。

“就拿这个！”

“你真啰唆！”

“那个太贵了！”

小女孩叮咛的内心开始种种子：贵的自己留着，便宜的分给他人！

这个时期孩子没有金钱和价值的概念，100 元钱和 1 元钱在她眼里并没有太多的差别。孩子会有好和不好，喜欢和不喜欢的区分，这是二元性的。

成人需要学习的是区分的能力，就是界限的清晰。在接下来的“交换”一节里会有明确的表述。简单来说，如果妈妈不愿意把进口饼干拿去分享，可以做好区分的工作：

“妈妈知道你想把这盒大的饼干给幼儿园的小朋友分享，不过这盒饼干是属于我们家的，并不是你一个人的。爷爷和奶奶还没有吃，你能在得到爷爷奶奶的同意后再给小朋友分享吗?”

“那这袋‘乐滋’是昨天给你买的，是专属于你自己的，你可以拿去分享!”

这样，就明确地告诉孩子，属于自己的东西是可以自己做决定的，而属于全家的东西是需要征求家人同意的。

施与受是一个永恒的话题，在你的心里放得下自己，容得下别人。人想要得到什么？首先要给别人什么，什么样子的人最容易得到福报，就是愿意付出的人，不计较的人。许多事情看似给别人的，其实是给自己的！许多人事事顺利，那是他分享的多，付出的多啊！三岁定终身，品格高尚、内心无碍的父母也能育出品格高尚的孩子!

第六步：交换

在分享的过程中，交换基本是前后发生的。四岁的东东下午一见到妈妈就高兴地挥舞着手里的铅笔，这只铅笔的不同之处在于颜色和花纹。东东像挥舞着孙悟空手里的金箍棒，魔法师手里的魔棒一样兴奋不已。“妈妈，你看！噔，噔，噔!”孩子的快乐总是如此的纯粹简单。妈妈起初还比较开心，拥抱了东东："好漂亮，这支铅笔从来没有见过，是哪来的？老师奖励的吗？"

"不是，不是，是和靖宇换的！"

"哦，你拿什么换的呀？"

"妈妈，你觉得这支铅笔好看吗？好多小朋友都想要，而我换到了，好开心好开心！"

"妈妈看出来你很开心，你拿什么换的？"

"就是放在家里的宝马车模型！"

天哪，东东妈妈心里一阵紧张，收不住奔腾起来的思绪。那是去年东东的爸爸去德国带回来给东东的礼物。东东玩了些日子就搁置了，一直摆在家里的柜头上。不过那是很昂贵的，至少比一支铅笔贵重！

东东妈妈思考了一路，诱导了一路也没有见效，东东依然挥舞着那只彩色的铅笔，像挥舞着一根金箍棒。此时更像得胜的将军拿着自己的战利品。

晚上，妈妈把这件事告诉了姥姥，姥姥坚决反对这种不公平的交易。姥姥说："明天我带你去文具店买一打铅笔，这支我们不要了还给靖宇！"

"不行，换的时候靖宇说了'一言为定'，我不能说话不算数啊！"

"什么不算数，你真傻！这铅笔到处都可以买到，还有更好看的呢！我们家的汽车模型国内根本没有，非常贵重的，能换几百只铅笔！明天去还给他，说我们不要了！"姥姥说着，把车模移动到了东东够不着的位置。

东东失望地噘着嘴，思考明天怎么给靖宇说。

把悲伤烂在心底，只让快乐面朝阳光。我们所看到的，往往不是真相，只是被扭曲了的假象而已。没有人会知道自己的悲伤在何处慢慢地溃烂。而那么多人有那么多的无奈！

那辆“珍贵”的汽车模型，直到东东上大学后依然摆在家里的柜子上，只有姥姥会去擦拭上面的灰尘！！

爱孩子的生命动力是把“选择权”留给孩子。东东的选择是与朋友交换而来的“铅笔”，并承诺将家里的汽车模型作为交换的对象。可能是在当时的群体环境中，很多小朋友都想要那只铅笔，东东似乎是“一场竞拍”的最后胜利者。成人眼里“昂贵”和“廉价”的差异，在孩子当下意识则是“遵守契约”和“竞争胜出”的心态。如果用社会集体意识来衡量的话，孰轻孰重？所以，交换的本质不在于货币价值而更多的是使用价值，而精神层面的契约精神就更为珍贵了！

农夫用一匹马换了一袋子烂苹果的故事

老头子做事总不会错。现在我要告诉你一个故事。

那是我小时候听来的。从那时起，我每次一想到它，就似乎觉得它更可爱。故事也跟许多人一样，年纪越大就越显得可爱。这真是有趣极了！我想你一定到乡下去过吧？你一定看到过一个老农舍。

屋顶是草扎的，上面零乱地长了许多青苔和小植物。屋脊上有一个鹳鸟窠，因为我们没有鹳鸟是不成的。墙儿都有些倾斜，窗子也都很低，而且只有一扇窗子是可以开的。面包炉从墙上凸出来，像一个胖胖的小肚皮。有一株接骨木树斜斜地靠着围篱。这儿有一株结结疤疤的柳树，树下有一个小水池，池里有一只母鸡和一群小鸭。是的，还有一只看家犬。它对什么来客都要叫几声。

乡下就只有这么一个农舍。这里面住着一对年老的夫妇——一个庄稼人和他的妻子。虽然他们的财产少得多么可怜，他们总觉得放弃件把东西没有什么关系。比如他们的一匹马就可以放弃，它依靠路旁沟里的一些青草活着。老农人到城里去骑着它，他的邻居借它去用，偶尔帮忙这对老夫妇做点活，作为报酬。不过他们觉得最好还是把这匹马卖掉，或者用它交换些对他们更有用的东西。但是应该换些什么东西呢?

“老头子，你知道得最清楚呀。”老太婆说，“今天镇上是集日，你骑着它到城里去，把这匹马卖点钱出来，或者交换一点什么好东西。你做的事总不会错的。快到集上去吧。”

于是她替他裹好围巾，因为她做这件事比他能干。她把它打成一个双蝴蝶结，看起来非常漂亮。然后她用她的手掌心把他的帽子擦了几下。同时在他温暖的嘴上接了一个吻。这样，他就骑着这匹马儿走了。他要拿它去卖，或者把它换一件什么东西。是的，老头儿知道他应该怎样来办事情的。

太阳照得像火一样，天上见不到一块乌云。路上布满了灰尘，因为去赶集的人不是赶着车，便是骑着马，或者步行。太阳是火热的，路上没有一块地方可以找到荫处。这时有一个人拖着步子，赶着一头母牛走来。这头母牛很漂亮，不比任何母牛差。“它一定能产出最好的奶！”农人想。“把马儿换一头牛吧——这一定很合算。”“喂，你牵着一头牛！”他说，“我们可不可以在一起聊几句？听我讲吧——我想一匹马比一头牛的价值大，不过这点我倒不在乎。一头牛对于我更有用。你愿意跟我交换吗？”“当然我愿意的！”牵着牛的人说。于是他们就交换了。这桩生意就做成了。农人本来可以回家去的，因为他所要做的事情已经做了。不过他既然计划去赶集，所以他就决定去赶集，就是去看一下也好。因此他就牵着他的牛去了。

他很快地向前走，牛也很快地向前走。不一会儿他们赶上了一个赶羊的人。这是一只很漂亮的羊，非常健壮，毛也好。“我倒很想有这匹牲口。”农人心里想，“它可以在我们的沟旁边找到许多草吃。冬天它可以跟我们一起待在屋子里。有一头羊可能比有一头牛更实际些吧。“我们交换好吗？”赶羊人当然是很愿意的，所以这笔生意马上就成交了。于是农人就牵着他的羊在大路上继续往前走。他在路上一个横栅栏旁边看到另一个人，这人臂下夹着一只大鹅。“你夹着一个多么重的家伙！”农人说，“它的毛长得多，而且它又很肥！如果把它系上一根线，放在我们的小池子里，那倒是蛮好的呢。我的老太婆可以收集些菜头果皮给它吃。她说过不知多少次，‘我真希望有一只鹅！’现在她可以有一只了——它应该属于她才是。你愿不愿交换？我用我的羊换你的鹅，而且我还要感谢你。”对方一点也不表示反对。所以他们就交换了，这个农人得到了一只鹅。

这时他已经走进了城。公路上的人越来越多，人和牲口挤做一团。他们在路上走，紧贴着沟沿走，一直走到栅栏那儿收税人的马铃薯田里去了。收税人有一只母鸡系在田里，为的是怕人多把它吓慌了，弄得它跑掉。这是一只短尾巴的鸡，它不停地眨着一只眼睛，看起来倒是蛮漂亮的。“咕！咕！”这鸡说。它说这话的时候，究竟心中在想什么东西，我不能告诉你。不过，农人一看见，心中就想:“这是我一生所看到的最好的鸡！咳，它甚至比我们牧师的那只母鸡还要好。我的天，我倒很想有这只鸡哩！一只鸡总会找到一些麦粒，自己养活自己的。我想拿这只鹅来换这只鸡，一定不会吃亏。”“我们交换好吗?”他说。“交换!”对方说，“唔，那也不坏!”这样，他们就交换了。栅栏旁的那个收税人得到了鹅，这个庄稼人带走了鸡。

他在到集上去的路上已经做了不少的生意了。天气很热，他也感到累，他想吃点东西，喝一杯烧酒。他来到了一个酒店门口，正想要走进去，这时店里一个伙计走出来了，他们恰恰在门口碰头。这伙计背着一满袋子的东西。“你袋子里装的是什么东西?”农人问。“烂苹果。”伙计说，“一满袋子喂猪的烂苹果。”“这堆东西可不少！我倒希望我的老婆能见见这个世面呢。去年我们炭棚子旁的那棵老苹果树只结了一个苹果。我们把它保藏起来，它待在碗柜一直待到裂开为止。‘那总算是一笔财产呀。’我的老婆说。现在她可以看到一大堆财产了！是的，我希望她能看看。”“你打算出什么价钱呢?”伙计问。“价钱吗？我想拿我的鸡来交换。”于是农人就拿出那只鸡来，换得了一袋子烂苹果。他走进酒店，一直到酒吧间里来。他把这袋子苹果放在炉子旁边靠着，一点也没有想到炉子里正烧着火。房间里有许多客人——贩马的、贩牲口的，还有两个非常有钱的英国人，他们的腰包都是鼓得满满的。他们还打起赌来呢。关于这事的下文，你且听吧。嗞——嗞——嗞！嗞——嗞——嗞！炉子旁边发出的是什么声音呢？这是苹果开始被烤烂的声音。

“那是什么呢？”唔，他们不久就知道了，这个农人怎样把一匹马换得了一头牛，以及随后一连串的交换，一直到换得烂苹果为止的这整个故事，都由他亲自讲出来了。

“乖乖！你回到家里去时，保管你的老婆会结结实实地打你一顿！”那两个英国人说，“她一定会跟你吵一阵。”“我将会得到一个吻，而不是一顿痛打。”农人说，“我的太太将会说：‘老头子做的事儿总是对的’。”

“我们打一个赌好吗？”他们说，“我们可以用满桶的金币来打赌——100 镑对 112 镑！”“一斗金币就够了。”农人回答说，“我只能拿出一斗苹果来打赌，但是我可以把我自己和我的老女人加进去——我想这加起来可以抵得上总数吧。”“好极了！好极了！”他们说。于是赌注就这么确定了。店老板的车子开出来了。那两个英国人坐上去，农人也上去，烂苹果也坐上去了。不一会儿他们来到了农人的屋子面前。

“晚上好，老太太。”

“晚上好，老头子。”

“我已经把东西换来了!”

“是的，你自己做的事你自己知道。”老太婆说。于是她拥抱着他，把那袋东西和客人们都忘记掉了。

“我把那匹马换了一头母牛。”他说。“感谢老天爷，我们有牛奶吃了。”老太婆说，“现在我们桌上可以有奶做的食物、黄油和干奶酪了！这真是一桩最好的交易!”

“是的，不过我把那头牛换了一只羊。”

“啊，那更好!”老太婆说，“你真想得周到，我们给羊吃的草有的是。现在我们可以有羊奶、羊奶酪、羊毛袜子了！是的，还可以有羊毛睡衣！一头母牛可产生不了这么多的东西！她的毛只会白白地落掉。你真是一个想得非常周到的丈夫!”

“不过我把羊又换了一只鹅!”

“亲爱的老头子，那么我们今年马丁节的时候可以真正有鹅肉吃了。你老是想种种办法来使我快乐。这真是一个美丽的想法！我们可以把这鹅系住，在马丁节以前它就可以长肥了。”

“不过我把这只鹅换了一只鸡。”丈夫说。

“一只鸡？这桩交易做得好!”老太婆说，“鸡会生蛋，蛋可以孵小鸡，那么我们将要有一大群小鸡，将可以养一大院子的鸡了！啊，这正是我所希望的一件事情。”

“是的，不过我已经把那只鸡换了一袋子烂苹果。”

“现在我非得给你一个吻不可。”老太婆说，“谢谢你，我的好丈夫！现在我要告诉你一件事情。你知道，今天你离开以后，我就想今晚要做一点好东西给你吃。我想最好是鸡蛋饼加点香菜。我有鸡蛋，不过我没有香菜。所以我到学校老师那儿去——我知道他们种了香菜。不过老师的太太，那个宝贝婆娘，是一个吝啬的女人。我请求她借给我一点。‘借?’她对我说，‘我们的菜园里什么也不长，连一个烂苹果都不结。我甚至连一个苹果都没法借给你呢。’不过现在我可以借给她10个，甚至一整袋子烂苹果呢。老头子，这真叫人好笑!”她说完这话后就在他的嘴上给了一个响亮的吻。

“我喜欢看这幅情景!”那两个英国人齐声说，“老是走下坡路，而一直很快乐。这件事本身就值钱。”所以他们就付给这个种田人112镑金子。因为他没有挨打，而是得到了吻。

是的，如果一个太太相信自己丈夫是世上最聪明的人，承认他所做的事总是对的，她一定会得到好处。请听着，这是一个故事!这是我在小时候听到的。现在你也听到它了，并且知道那个老头子做的事儿总是对的。

在交换的敏感期里，把选择权留个孩子吧，除非你用故有的人际交往模式真的得到了更多的好处！那是否让你拥有了更多真心托付的朋友还是拓展事业的机会?

第七步：婚姻

我做过大量的成人心理个案分析，并结合0~6岁的心智成长模式后，梳理总结出来人际关系发展七部曲。如果成人爱的能量锁结在某个时间段而没有经过后天的“心理疗愈”，则在人际互动的过程中会有挫败和紧张感。从出生的“信任”关系到建立“亲密”“情感分离”“占有”“分享”“交换”，最后来到“婚姻”，这期间每一步都很重要。它不是跨越的，而是螺旋式上升的；不是严格分离的，而是缓缓递进的。像一串珍珠项链，七颗珠子中间穿着金线就是人格的架构，这是我们生命中无与伦比的礼物。前面的六步融合进婚姻，并由此发展了婚姻敏感期。

婚姻敏感期的孩子有一天会对妈妈说：“妈妈，我想和你结婚!”或者突然有一天从幼儿园回来对你说：“妈妈，你和爸爸什么时候结婚的？我和幼儿园的小朋友苗苗也要结婚!”

婚姻的敏感期一般在孩子四岁后开始，六岁接近尾声，孩子开始演绎并培养婚姻的情绪和情感，并尝试表达。如果被拒绝，也会有挫败感，不过他很快会过去，并发展出新的目标。一般先是对自己家里人。女孩子会希望嫁给爸爸或爸爸的一位好朋友，男孩子中倾慕妈妈的比较多。然后开始演变成学校的老师或某位小朋友。他们在感情上的专一会表现在固定在某个小朋友身上而不会轻易改变，除非那个小朋友有了要“结婚”的对象，自己只能放弃。学会面对拒绝和重新选择是婚姻敏感期发展的关键点，这样孩子成人后就不会困在一段感情里不能自拔，甚至自杀殉情。心理健康并得到心理呵护的孩子，可能会发展出一位新的互相喜欢的“结婚伴侣”。不过，亲爱的家长们别担心，婚姻敏感期一旦过去，他们就会把彼此忘得干干净净。

“爱”创造奇迹

中 意

“妈妈，我要和你结婚！”“爸爸，我要嫁给你！”
别着急，别着急，等你长大了，
我会慢慢老去！
就像你的爷爷、奶奶、外公、外婆！
白发苍苍、步履蹒跚！
“嗯，那该怎么办呢？”
思考、思考！
“老师，老师，我要和你结婚！”
好啊！好啊！被你喜欢是我的荣幸！
等你长大了，我也会老去！
“嗯，那该怎么办呢？”
这确实是个问题！

“好朋友，我们结婚吧！”
好啊，好啊，我也喜欢你！
“哈哈，太好了，太好了，我终于可以结婚了！”

别忘了：
一定是你喜欢我，我也喜欢你！

第七课
高情商宝宝培养攻略

爱的法则，贴近我们生命的核心！关注人性深处的渴望，带来成功，守护成功！

——伯特.海灵格

情商（EQ）叙述

我们都希望孩子拥有高的情商，那么什么是情商呢？情商的英文名称为 Emotional Quotient，简称 EQ。情商 EQ 又被称为情绪智力，是近 20 年来心理学家提出来的，与智商、智力相对应的概念。情商包括：① 自我了解；② 自我管理；③ 自我激励；④ 识别他人情绪；⑤ 处理人际关系、调控与他人情绪反应的技巧；⑥ 关爱社会大众、关爱生灵万物。

提升能量层级

美国斯坦福大学的一项研究表明：一个人赚的钱，12.5% 来自知识，87.5% 来自情商。高负荷的工作和复杂的人际关系如果没有高的情商的参与，是很难获得成功的。情商会影响智商的发挥。情商高的人乐于交往，善于合作，往往能获得众人的支持和拥护。同时，人脉资源广泛也容易获得开拓新事业的资讯。高情商其实也是一种高能量的生命状态。“思想即因”“境由心造”，做人做事的能量状态影响一个人的思考方式。思考方式指导行为，行为产生结果。人的所有思想、行为、语言、情绪都和自身的能量层级有关。霍金斯分析并汇总了能量层级理论。你所在的能量层级越高，则越容易取得成功。

我们的思想、行为、情绪、感受都和我们的能量层级有密不可分的关系。量子电动力学研究了电磁场与带电粒子相互作用的基本过程。我们人体内细胞有 50 万亿左右，细胞内包含有分子、原子、原子核等。组成细胞的最微小的电子绕着原子核中心运动，就像太阳系的行星绕着太阳运行一样。最新研究表明，原子核中的质子和中子可能由内外两种平衡力构成的球形震动能量层。德国物理学家马克思·普朗克获得诺贝尔物理学奖时说：“作为一个把整个人生奉献给这头脑最清醒的科学、去研究物质的人，我可以告诉你，这是我对原子做了如此多研究后的结果。一切物质的起源存在，仅仅凭借一种带来微粒子震动的力量……并将这瞬间的原子太阳系链接在一起！……我们必须假设一种意识和智慧存在于这种力量背后，这种意识是所有一切物质的基础。”

我们在人的创造本质的根性力量上来阐述情商，科学家们称之为“场域”的力量、能量振频。我们人的身体本就是一团震动的能量。下面是处在各个能量层级的人的生命状态和社会影响力的论述。感谢霍金斯对人类的能量层级做了如此透彻的分析。

开悟 700–1000

这是历史上所有创立了精神模范，让无数人历代跟随的伟人的能量级，是强大灵感的能量级。这些人的诞生，影响全人类的发展。这个能量级不再有个体与个体之间的分离感，取而代之的是意识与神性的合一。这是人类意识进化的顶峰。来到这个能量级，不再对身体有“我”的执着，不再对其有关注。身体成了意识降临头脑的一个工具，它的首要价值就是连接这两者。这简直就是神级，特蕾莎修女属于这个级别。2009 年 10 月 4 日，诺贝尔基金会评选 1979 年和平奖得主特蕾莎修女为诺贝尔奖百余年历史上最受尊崇的 3 位获奖者之一(其他两位是 1964 年和平奖得主马丁·路德·金、1921 年物理学奖得主爱因斯坦)。我们来看一下特蕾莎修女的人生信条，洞悉最高级别的情绪商数——站在全人类的角度看世界，站在世界的角度看个体生命。

特蕾莎修女的人生信条：

• 人们经常是不讲道理的、没有逻辑的和以自我为中心的。不管怎样，你要原谅他们。

• 即使你是友善的，人们可能还是会说你自私和动机不良。不管怎样，你还是要友善。

• 当你功成名就，你会有一些虚假的朋友和一些真实的敌人。不管怎样，你还是要取得成功。

• 即使你是诚实的和率直的，人们可能还是会欺骗你。不管怎样，你还是要诚实和率直。

• 你多年来营造的东西，有人在一夜之间把它摧毁，不管怎样，你还是要去营造。

• 如果你找到了平静和幸福，他们可能会嫉妒你。不管怎样，你还是要快乐。

• 你今天做的善事，人们往往明天就会忘记。不管怎样，你还是要做善事。

• 即使把你最好的东西给了这个世界，也许这些东西永远都还不够。不管怎样，把你最好的东西给这个世界。

• 你看，说到底，它是你和上天之间的事，而绝不是你和他人之间的事。

特蕾莎把一切都献给了穷人、病人、孤儿、孤独者、无家可归者和垂死临终者。从 12 岁起，直到 87 岁去世，她从来不为自己，只为受苦受难的人活着。情商的最高境界：积善行，思利他，对万事万物没有分别心。也就是《心经》所呈现的人生境界“观自在菩萨，行深般若波罗蜜多时，照见五蕴皆空，度一切苦厄，舍利子，色不异空、空不异色。”什么是“自在”？自在就是“心自在、行自在，时时处处把当下最好的东西奉献给这个世界。特蕾莎修女不就是一位“观自在的菩萨”吗？生命修到这个境界的特蕾莎走到任何场域，自然带动整个场域的震动频率扬升，充满其中的就是美好和感动。

我们看看特蕾莎的人生成就单，这也只是其中的一部分而已：

• 1971 年获得“Pope John XXIII”和平奖和肯尼迪奖。

- 1975 年获得 Albert Schweitzer 国际奖。
- 1985 年获得美国总统自由勋章。
- 1994 年获得美国国会金牌。
- 1996 年 11 月 16 日获美国名誉公民称号，获多所大学的名誉学位。
- 1979 年获得诺贝尔和平奖。
- 2003 年 10 月被列入天主教宣福名单 Beatification。
- 被誉为“贫民圣人”。

外在世界是我们内心的营造，特蕾莎所有的成就与广博的心境是分不开的。胸怀天下而为之不懈努力，天下自然归位于你。所以培养孩子首先要“修孩子的心”。修“正心”“善心”“慈悲心”。现在的家长给上学后的孩子报各种辅导班，学奥数、学物理、学写作文，整个周六日孩子都奔波在各种辅导机构里，唯恐孩子落后，唯恐孩子考不上重点，唯恐被邻居家的孩子比下去。在家里饭来张口、衣来伸手。房间妈妈收拾，衣物妈妈洗、保姆洗。这样的孩子长大了即使学习成绩再好能取得大的成就吗？我们绝大多数家长的育儿观需要颠覆啊，需要彻底颠覆！让孩子从小励大志，从小立宏志——“为社会文明推进尽力、为帮助他人快乐尽心”。周六日抽出半天时间带孩子去社会福利院做做义工；拿着孩子亲自做的“手工制品”去医院看望生命垂危的病人；到广场上义卖自己不再看的绘本和不再玩的玩具，获得的钱捐给希望小学的校园书屋……教育的最终目的是培养孩子从自然人到社会人的转变。越早的适应社会。

独立自主，孩子的情商自然越高！

平和 600

这个能量级和所谓的卓越、自我实现以及博爱意识有关。它非常稀有，约 1000 万人中会有一人。达到这个能量级，内与外的区分就消失了，所有一切都光芒四射。虽然在其他人眼里世界还是老样子，但在这人眼里却是一个和谐的、进化和进步的世界。这是一种非同寻常、无法言语的现象，所以头脑保持长久的沉默，不再分析判断。观察者和被观察者成为同一人。能量级 600 到 700 之间的艺术作品、音乐和建筑能暂时地把我们带到通常认为的通灵的和永恒的状态中。

达到平和 600 能量级别的人不多，列奥纳多·迪·皮耶罗·达·芬奇是其中最为典型的代表。欧洲文艺复兴时期的天才科学家、发明家、画家。现代学者称他为“文艺复兴时期最完美的代表”，是人类历史上绝无仅有的全才。他最大的成就是绘画，他的杰作《蒙娜丽莎》《最后的晚餐》《岩间圣母》等作品，体现了他精湛的艺术造诣。他认为自然中最美的研究对象是人体，人体是大自然的奇妙之作品，画家应以人为绘画对象的核心。

他是一位思想深邃，学识渊博、多才多艺的画家、天文学家、发明家、建筑工程师。他还擅长雕刻、音乐、发明、建筑，通晓数学、生理、物理、天文、地质等学科，既多才多艺，又勤奋多产，保存下来的手稿大约有 6000 页。他全部的科研成果尽数保存在他的手稿中。爱因斯坦认为，达·芬奇的科研成果如果在当时就发表的话，科技可以提前30-50年。小行星3000被命名为“列奥纳多”。最著名的作品是《蒙娜丽莎》现在是巴黎卢浮宫的三件镇馆之宝之一。

平和600的能量级别是创造力的集中显现。我在写书和讲课之前，会静坐一会儿，通过调节呼吸和“空境”冥想，让自己的能量层级尽最大可能调到平和600的状态。之后不论讲课还是写书都得心应手，思路闪耀着赫赫之光。这样几年下来，仅仅讲课的“经验手稿”就能出几本书了。所以在完成《育出生命奇迹》之后，第二本奇迹主题的书籍《爱可以创造奇迹》也动笔了！我用了10年的时间才悟到了这个真理。原来我只是在急需的时候才调频平和600，这样持续了8年之久。现在起床、走路、看书、聊天等等所有的事情都调频平和600，生命中每天奇迹不断，好运不断。

所以，能量调频对事业、生活的品质影响深远！

宽容350

在这个能量级，一个巨大的转变会发生，那就是了解到自己才是自己命运的主宰，自己才是自己生活的创造者。低于200的人是没有力量的，通常视自己为受害者、受剥削者、受监督者，完全受生活所左右。这个看法的根源是，认为一个人的幸福和苦难来自某个“外在”在东西。在宽容的能量级，没有什么“外在”能让一个人快乐，爱也不是谁能给予或夺走的，这些都来自内在。宽容意味着让生活如它本来的样子，并不刻意去塑造成一个特定的模式。在这个能量级的人不会对判断对错有兴趣。相反，对如何解决困难他们则乐于参与。他们在意长期目标，良好的自律和自控是他们显著的特点。

金庸先生笔下虚拟的人物郭靖（《射雕英雄传》男主角）就是属于这个宽容350能量级别的。从小就带着宽容、厚道的品质，被誉为金庸笔下“侠之大者”。他生性单纯刚直，重孝义、勤奋、爱国，有民族大义，用一生来彻底实现了“为国为民”这一大侠的目标。他巨大的人格力量也感染了他身边的人，带领他们走向正面的人生路。如果父母们能培养孩子成为这样的人，即使学习力弱，智商不高，也能穿越重重障碍，获得贵人的帮助和扶持，并成为民族精神领域的领导者。

作为高情商的领导者，宽容是必须的品质。这个世界上没有完美的人，每个人都有自己的优点和缺点，有自己当下的内心需求。来自不同的原生家庭的人对生命的塑造，所以价值观、信念系统千差万别，领导者的宽容和包容力就尤为可贵了。

同样在家庭中，父母一方对孩子、对爱人的宽容会让对方生活更自在、更放松、更快乐。宽容会保护好孩子自带的高能量频率，孩子在这样的家庭场域里生活，更容易取得好的社会成就。微软创始人比尔·盖茨在哈佛读二年级时，即1975年母亲节时，在给妈妈的卡片写着：“我爱您！妈妈，您从来不说我比别人差。您总是在我做的事情中不断寻找值得赞许的地方，我怀念和您在一起的所有时光。”比尔·盖茨的母亲用虔诚和宽容养育孩子，总是带着欣赏的眼光看待孩子，造就了这个独步天下的世界富翁。

主动 310

这个意识层次可以看作是进入更高层次的一道门。在淡定的层次的人，会如实地完成工作任务，而主动层次的人则会出色完成任务，并极力获得成功。这个能量级的人的成长是迅速的，他们是为人类进步而预备的人选。低于 200 能量级的人，他们的思想是封闭的，但是能量级为 310 的人们则是全然开放的。这个能量级的人，通常是真诚而友善的，也易于取得社交和经济上的成功。他们总能有助于人，并对社会的进步做出贡献。他们也乐意面对内在的善，也不存在较大的学习障碍。由于他们具有从逆境中崛起并学到经验的能力，他们都能够自我调整。由于已经释放了骄傲，他们能够看到自己的不足，并欣赏和学习别人的优点。

淡定 250

这个能量级的能量都变得很活跃了。低于 250 的能量级，意识是趋向于分裂性和刚硬性的。淡定的能量级则是灵活和无分别性地看待现实中的问题。到来这个能量级，意味着一个人对结果的超然，不会再沉迷于挫败和恐惧。这是一个有安全感的能量级。达到这个能量级的人们，都是很容易与之相处的，而且让人感到温馨可靠。因为他们无意于争端、竞争和犯罪。这样的人总是镇定从容，不会强迫别人去做什么。

作为孩子的父母亲，如果要想培养一位优秀而卓越的孩子，至少应该调整自己的能量在淡定的级别。没有孩子能不犯错误而顺利地长大，所以淡定的父母在看到考试卷面的分数是 59 分或 98 分所呈现的超然，并灵活地给予孩子鼓励和协助，有利于孩子人格体系的健全发展，并获得尊严的建构，修得圆满而丰富的性格。

勇气 200

来到 200 这个能量级，动力才显端倪。勇气是拓展自我获得成就、坚忍不拔和果断决策的根基。在比之更低的能量级的人看来，世界看起来是无助、失望、挫折、恐怖的。但是来到勇气级别能量级的人，他们有能力去把握生活中的机会，个人成长和接受教育是可行的途径。到来这个能量级的人们，总是能尽数回馈足够多的能量给这个世界。而低于这个能量级的人则是不断地从社会中汲取能量，丝毫没有回馈。在公司中，有勇气的人往往能积极争取机会，敢于承担工作的责任。在压力和竞争中敢于亮剑，勇于挑战新的更高的目标，所以，往往对自己要求也比较高。高自我要求和高团队要求必然能带动团队成员能力的提升。而勇气的培养需要从孩子很小的时候就开始。1 岁以后的孩子什么都想尝试，对周围环境的好奇心会驱动冒险的行为。家长需要在安全的前提下尽量提供宽松自由的环境，保护好孩子勇气和力量。

目前人类集体意识测量结果为 205。

骄傲 175

比起其他的较低能量级，人们会觉得这个能量级是积极的。而事实上骄傲让人感觉好一些，只是相比其他更低的能量级而言。骄傲是具有防御性和易受攻击性的，因为它是建立在外界条件下的感受。一旦条件（比如被表彰和夸奖）不具备，就很容易跌入更低的能量级。自我的膨胀是骄傲自大的助推剂，而自我常常是易受攻击的。因此骄傲的演化趋势是傲慢和否认，而这些都是抵制成长的。这样一来，用天壤之别来评价金庸先生笔下的异姓兄弟郭靖和杨康的最后结局就不为过了。郭靖一出场就表现出宽容厚道300，杨康则在穆念慈“比武招亲”的擂台上尽显小皇爷的傲慢无礼175。所以最终的结局是，郭靖成为一代大侠，杨康年纪轻轻就客死异乡。

愤怒150

如果有人能跳出冷漠和内疚的怪圈，并摆脱恐惧的控制，他就开始有欲望了。而欲望则带来挫折感，接着引发愤怒。愤怒常常表现为怨恨和复仇心理，它是易变且危险的。愤怒来自未能满足的欲望，来自比之更低的能量级。挫败感来自放大了欲望的重要性。愤怒很容易就导致憎恨，这会逐渐侵蚀一个人的心灵。冲冠一怒为红颜的明末清初著名政治、军事将领吴三桂，一生都在愤怒的级别徘徊，开关降清、起兵叛乱、势穷病亡。缺少智慧，有勇无谋。

欲望125

欲望让我们耗费大量的努力去达成目标，去取得回报，这是一个易上瘾的能量级。有时候，一个欲望会强大到比生命本身还重要。欲望意味着累积和贪婪。愿望可以帮助我们走上有成就的道路，但是欲望却能成为到达比知晓更高层次的跳板。中国的历史长河中从来不乏被贪财图利、迷住心窍的人，虽结局各异，但难得善终。

恐惧100

这个能量级的人来看世界，到处充满了危险、陷害和威胁。一旦开始关注恐惧，就真的会有数不尽的让人不安的事来临。之后还会形成强迫性的恐惧，这会妨害个性的成长，最后导致压抑。压抑的情绪状态下的人脑海中经常会浮现“我不能、无不行、这个我做不到”等语言模式，这是一种自我语言模式。有时大脑还会呈现画面或视频。因为压抑让能量流向恐惧，压抑性的行为不能提升到更高的能量层次。从心理学的角度看，拖延和不负责任的行为表现，内在的心理层级为恐惧。总是担心失去，担心做不好被嘲笑而拖延逃避。剖腹产的孩子往往会在恐惧的能量级别里，所以更多地出现学习障碍和感觉统合失调，家长们应该重视起来。

悲伤 75

这是悲伤、失落和依赖性的能量级。在这个能量级的人，过的是半辈子都懊丧和消沉的生活。这种生活充满了对过去的懊悔、自责和悲恸。在悲伤中的人，看这个世界都是灰黑色的。

冷淡 50

这个能量级的人往往表现出贫穷、失望和无助感。这类人觉得世界与未来都看起来没有希望。冷漠意味着无助，让人成为生活中各方面的受害者。冷淡者缺乏的不止是资源，他们还缺乏运气，除非有外在的帮护者提携，否则可能会终生潦倒。

内疚 30

内疚感以多种方式呈现，比如懊悔、自责和受虐等。无意识的内疚感会导致身心的疾病，以及带来意外事故和其他更极端的行为。它也经常表现为频繁的愤怒和疲乏。

羞愧 20

羞愧的能量级最低，它让羞愧者恨不得找个地缝钻进去，或者是希望自己能够隐身。这是一种严重摧残身心健康状况，最终还会导致身体患病。

能量掠夺

老子在《道德经》里五次提到婴儿，它被作为道根的一个重要喻体。“专气以至柔，若婴儿乎”是形容婴儿出生后的状态的。刚刚出生的婴儿未谙世事，就像没有雕琢的璞玉，在性格上平和宁静，处事清净无为，表述出“婴儿”“聚合精气、归于柔顺”的特点。可见平和宁静，处事清净无为是至高的生命能量，可以说是平和 600 的生命层级。可见，这个刚出生的“婴儿国王”极其富有，有最让成人羡慕的“生命时间”和“平和 600”的生命能量。可惜这个“富翁”却不懂得经营管理自己的“财富”，他需要借助周围的人，特别是妈妈来帮忙管理自身富足的能量。不过，随着成长，婴儿的能量会被抢夺和消耗掉。能量是流动的，处在恐惧中的妈妈从婴儿身上掠夺能量，那么孩子的能量会急速降低，急速地失去平和。还会开始紧张和焦虑，担心失去妈妈的爱和关注，很快陷入不安全的生命能量里。我们说这个时候就是“能量掠夺”。被“能量掠夺”的婴儿会有什么表现呢？表现为特别粘人，一会儿不见妈妈就哭，脾气急躁。还有的孩子好动不安。所以，作为孩子的父母，学习如何保护和提升自己的能量状态非常重要。

如何提升能量层级？

放弃低能量级的东西

经常接触高能量级的东西，包括具有更高能量级的人、书籍、大自然、音乐、绘画、体育运动、瑜伽冥想、温和的猫以及可爱的狗等。

经常让自己处在祥和、喜悦、充满爱的心境，能提升我们的平均能量级。

营造家庭高能量场域

中国的传统文化经典和宗教智慧可以很好地调整家庭的能量场域。近十年来，我研究了世界各国优秀人物和杰出家族的文化气场，发现有极其相似的家族文化背景。因为我是佛教徒，所以在我的书房里供奉着佛像和观音画像，并悬挂《心经》。自己日日合掌诵读也会引领孩子经常诵读。家里的玄关和卧室里悬挂“静心”“爱”“诚敬谦和”等书法作品，客厅巨幅的“道德经”全篇，提升整个家庭的能量级别，任何人和动、植物生活在这样的环境里都能得到熏修。

我想邀请你做个体验。

1. 找个无人打扰的空间，拿出两张 A4 的纸，一张写“快乐”两个字，一张写“恐惧”两个字。

2. 将两张纸平行放置在地板上，中间间隔半米的距离。

3. 站在地板上，闭上眼睛，深呼吸 3~5 次。

4. 双脚站在写着“快乐”的纸上。闭眼，深呼吸。感受内心的情绪，并根据内心的感受作出相应的身体姿态和面部表情。2 分钟后双脚离开这张纸，抖动一下，放松身体。

5. 双脚站立在写着“恐惧”的纸上，闭眼，深呼吸。感受内心的情绪，并根据内心的感受作出相应的身体姿态和面部表情。2 分钟后双脚离开这张纸，抖动一下，放松身体。

怎么样？有没有感受到“场域”的作用。语言文字都具有能量层级，家里悬挂高能量的书法作品和绘画作品可以有效地提升家庭能量磁场，改善家庭环境氛围。《心经》被誉为大乘佛教第一经典和核心，宣扬空性和般若，自体能量 600 以上，阅读的人开卷获益。

日本经营之神稻盛和夫研读中国经典《了凡四训》，并运用于企业和家庭中，带着“敬天爱人”之心创造了京瓷公司和第二电信两家世界 500 强企业。在稻盛和夫先生的作品中多次提到自己童年“隐蔽念佛”的体验。所谓“隐蔽念佛”，是指信仰净土真宗的人们为了逃避萨摩藩（当地鹿儿岛地区的统治者）的禁令，坚持自己的信仰，进行的隐蔽念佛。在他的书中有这样的一段描述：

“在我上小学的时候，我父亲的老家在离鹿儿岛市区 10 多公里的乡村。有一次，父亲把我带到一个‘隐蔽念佛’的地方。那是一个夜晚，父亲提着灯笼，拉着我的手，慢慢登上已经暗黑的山道。山道的尽头有一间小屋，点着蜡烛，有一位僧人在佛坛前诵经。在他身后，有 10 余个和我年龄相仿的孩子坐在那里，我也坐进了那些孩子的行列。”

我最近研读佛教的经典，感觉它们真是一部部古代心理学著作啊！佛教的四个重点：

其一：《华严经》中讲的“不忘初心”。

其二：《维摩诘经》中讲的“不请之友”。

其三：《八大绝经》中讲的“不念旧恶”。

其四：《大乘起信论》中讲的“不变随缘”。

中国唯一的女皇帝武则天热衷佛教，最爱的就是《华严经》。她因体会经意的玄妙稀有，非常欢喜，有感而发写下了佛经的开经偈：无上甚深微妙法，百千万劫难遭遇。我今见闻得受持，愿解如来真实义。做每一件事都有一个最初的发心，不忘记自己最初的发心，就会锲而不舍地一直向前迈进，把该做的工作做好。自己从事儿童教育工作十几年，多次面对挫折和困难时，坚守那份“让天下孩子都优秀”的初心，往往能做出正确的抉择，并使的事业不断攀升到新的高度。做企业、做人，要把利他和助人当成自己的本分，凡是有利于众生的事都要当仁不让，做个不请之友。交朋友必须能够互相了解、互相体贴、互相原谅，不念旧恶的人容易交到好朋友。要有自己的原则，但也要有和人随缘相处的风度。我们应该有不变的原则和随缘的心，随喜随分地参与各项服务大众的事业。

提升家庭的能量场域，可以陈列佛教经典图书，在客厅和玄关处悬挂“静”“厚德载物”“心经”“爱”等书法作品。汉字书法是中国独创的表现艺术，被誉为“无言的诗，无行的舞；无图的画，无声的乐”。可以根据个人喜好选择不同的书法字体。

能量层级和情商

从生命能量的角度论述情商，我想这个世界上没有第二个人了。生命能量的高低可以用楼层来比喻。站在一楼阳台所看到的景象，和站在 90 层的顶楼俯瞰整个城市的景象是完全不同的。也就是人生的高度不同，视野不同，格局和境界会产生变化。一个胸怀天下安康的人和一个自私到只考虑自己安危的人，思考问题的方式、做事的风格、遇到困难所采取的方法和策略等都会天差地别。这个世界永远是高能量的人领导低能量的人，大格局的人管理小格局的人。作为孩子的家长，我们需时时提醒自己，“言传不如身教，身教不如境教”，教导永远比不上环境中“良知”默转潜移的力量大。建议即使自己不用挣钱养家的全职妈妈，也要积极参与城市和社区的精神文明建设工作，做做义工，助人为乐。孩子一天天长大，父母自己的言谈举止都要注意：

1. 在工作和事业上付出不亚于任何人的努力。
2. 人前人后要谦虚、不要骄傲。
3. 积善行，思利他。
4. 要每天反省，“静坐常思己过，闲谈莫论人非”。
5. 活着就要感谢，每天写感恩日记并诵读给孩子听。
6. 忘却感性的烦恼。

这是稻盛和夫先生提出的“六项精进”，做到不容易，用一生践行，循序渐进。

学会正确地爱孩子

- 自私的爱：任何希望孩子满足父母的意愿而减少孩子发展机会的安排，都是父母对孩子的一种自私的爱。
- 愚蠢的爱：孩子为了满足父母自私的爱的需求，牺牲自己人生发展机会，这会影响家庭系统发展的最大可能性。
- 智慧的爱：父母给孩子最好的照顾，帮助孩子获得成功快乐能力，让孩子有最大的空间自由发展。

作为父母，是天道的践行者和自家孩子的模仿对象，必须与中国《后汉书》中所言的“伪”“私”“放”“奢”，也就是欺诈、自私、放纵、骄奢这四大患决然无缘。深沉厚重为第一特质、磊落豪雄为第二特质、聪明才辩是第三特质。如果父母把追求第三特质定为培养孩子的第一目标，而忽视品格深沉厚重的培养，忽略道德文化的熏陶，则孩子的情商自然高不了，也很难成就一生的大事业，终生与真正的幸福喜悦无缘。走在中国的大街小巷，到处都可以看到中华文化的标语，诸如公正、公平、正义、努力、勇气、博爱、谦虚等等这些我们早已熟知的，最朴素最基本的东西。我每每见到，都会驻足念诵，并印刻于心，坚持用此规范孩子的言行，时时熏修，则孩子的情商自然低不了。

第八课

儿童行为背后的核心生命动力

“动机和情绪总没有错，只是行为没有效果而已，每一种行为背后都有其正面的动机。”

我一直认为，每个孩子都是某个领域里天赋领导者。行为的背后是生命力的内在驱动。而成长为冒险提供了机会和鼓舞的力量。爱，则是成长当中稳定的元素，它使孩子们能自由地表达他们的感受和差异。

在普通父母眼中，成人和孩子是具有不平等的价值的，他们要么支配对方，要么服从对方。父母们有时候更像个“孩子”，像一个向孩童索取爱和尊重的“成人孩童”，角色、地位与自我认同常常混淆。角色要么意味着优越感和权利，要么意味着劣势地位和无能为力。在孤立、恐惧、怨恨、愤怒及不信任当中，父母一会儿是严格的法官或战士，一会儿又是可怜的仆人或保姆。成长了的父母认为人类具有平等价值，自己和孩子之间的关系是平等的，只是角色和地位、身份的不同。角色变化只在某一特定时刻或某一特殊关系中起作用，并在彼此相处的过程中，在个人兴趣上的相似性和差异性上表现出接纳。让孩子感受到爱、自我拥有、尊重和表达的自由。

最重要的是在日常互动中自我确认。

家长提出常见的一些育儿问题，我在此介绍一下，供大家借鉴。

陌生人一抱就大哭——宝宝认生了

婴儿喜欢善良和亲近的人。两个月大以后的婴儿就已经开始表现出对陌生人的“排他性”。陌生人一抱就大哭，甚至陌生人靠近就会大哭。我的孩子在两个月时对我一位同事表现出特别强烈的排斥，这是他成长中第一次因排斥他人大哭。后来，我的这位同事确实做了一些伤害他人的事情，并在很多关系里表现得不怀好意。我对同事的了解却在这之后的一年里。成人对“危险”人物的辨别力和敏锐度较之婴儿差得太远了。

婴儿带着良善来到世界上，完全呈现一种纯真的本源状态。但是不要认为婴儿只是一个不懂事的小动物，吃饱不哭就行了。此时是基本信任和不信任的心理冲突期，这期间孩子开始认识人了。当孩子哭或饿时父母是否出现，是建立信任感的重要问题。信任在人格中形成了“希望”这一品质，能增强自我的力量。内心充满信任感的儿童敢于希望，富于理想，具有强烈的未来定向。反之则不敢希望，时时担忧自己的需要得不到满足。

一旦和妈妈分开就号啕大哭——分离焦虑

对于婴儿来说，与妈妈的分离意味着“死亡”。因为婴儿没有时间概念，不能区分“暂时性分离”和“永别”的差异性，往往当妈妈要离开的时候，婴儿的心理问题是“和妈妈永别了”。缓解分离焦虑的有效方法是在婴儿的潜意识里种下“暂时分离心锚”。一般用再见的标志性挥手动作配合语言来完成。刚开始婴儿一定不能接受，不过慢慢地就能理解“挥手”表示要和妈妈暂时分离了而且妈妈很快会回来，并再次拥有妈妈的爱。妈妈没有任何提前预设就悄悄地消失了，这是不太好的习惯，会让婴儿对信任的人产生失望情绪，严重的会影响“信任系统”的建构，容易紧张和焦虑。

反复扔东西——不断学到的新本领

婴儿扔东西的快乐是成人无法理解的。婴儿此时的内心表达是“我就是想看看我还能扔多远!”“我的胳膊太有力量了，总有用不完的劲!”“千万别拒绝我，让我充分发挥吧！这简直太有意思了!”。其实这和我们第一次打羽毛球的感觉很像。用拍子将球击飞，会让我们对这种游戏产生浓厚的兴趣。而耐力是考核的标准，所以，当婴儿反复扔东西的时候，在安全的前提下，不要去阻止，并培养婴儿的耐力。

喜欢走高低不平的地方——进入行走敏感期

成人走路的目的是为了特定的目的地，而婴儿练习走路是为了走而走，没有目标，没有方向。脚踩在不同质地的地面上，是孩子练习走路的兴趣和挑战。也就是说，当孩子特别喜欢在高低不平、质地不同的地方行走时，标志着他进入了行走的敏感期。如果条件允许，可以让他光着脚。当足底接触地面带来新的体验，可以促进婴儿大脑的发育。摔倒了，站起来，摔倒了，再站起来，这样的反复训练，婴儿才能走得更稳，更好地掌握好平衡。

宝宝有根“蜜手指”

了解孩子的怪异举止，才能正确解读行为背后的心理密码。心理学研究为孩子找到了吃手和啃咬物品的理由，也“维护”了小婴儿吃手的权力。吃手指是婴儿学习和探索物体的特殊行为，是婴儿大脑发育、心理发育和心理成熟的需要。正如弗洛伊德和阿里克森所说：“早期婴儿的口部运作是心理的核心。”

婴儿吃手是自我认识的开始。他们在开始吃手或脚时并不知道这是自己的手、自己的脚。在反复吃手吃脚的过程中发现，这原来是我自己的手、自己的脚，我自己是可以支配的，只要想吃，随时可以吃到。这样，孩子的自我意识和自信心逐渐发展了，是心理成长、成熟所必需的。从小被完全阻断吃手的孩子，长大后常常会有焦虑、多疑、敏感、胆怯的性格特点。

啃咬玩具是婴儿学习、探索物体的特殊行为。刚出生时，孩子身体各部位活动还不够自主，唯有口唇是最灵活、最敏感的部位。能灵活地吸吮，感知奶水的冷热，还能回应大人的口唇游戏。随着孩子的长大，最先能支配、能灵活运用、能感知外界事物不同的也是口唇。婴儿在啃咬东西的时候，能获取信息，感知到物体的冷、热、软、硬，及酸、甜、苦、辣。这种感知作为经验，被记忆、贮存在大脑中。这种经验越多、越丰富，越能更好地促进孩子的大脑发育。最新的研究表明，婴儿吃手啃玩具，还能降低口腔敏感性，对以后顺利添加辅食、接受固体食物有很大的帮助。

两岁之前的婴儿吃手是正常的，但是到了三、四岁还吸吮手指，则是一种倒退的行为表现。通常，孩子焦虑和紧张时会倒退回婴儿时期，用吸吮来满足口腔的欲望，以减少其内心的忧虑。在这背后往往隐藏着许多潜在的原因，出现下列情况时，孩子容易有焦虑和紧张的倾向：

- 父母陪伴孩子的时间越来越少。
- 害怕父母减少对他的爱。
- 父母之间的感情出现不和谐。
- 家中发生了较大的变故，例如父母离异、亲人去世。
- 父母在对孩子的管教上存在很大的分歧。
- 父母对孩子吸吮手指过于紧张，反应过于夸张。
- 孩子初入幼儿园等陌生环境。
- 与孩子同龄的小伙伴比较少。
- 在幼儿园或者在家受到了不应该的批评或委屈。
- 孩子由爷爷奶奶带大，长期与父母不见面。

如果上述 10 条中有超过一半的情况存在，那么作为父母应该更为细心地观察自己的孩子，尽快纠正宝宝的“吮指癖”。如果家长忽略了，久而久之则不利于孩子活泼、开朗性格的形成及心理素质的健全，甚至导致孩子性格内向、心理孤僻。

要孩子戒掉吃手指头的习惯，并不比要大人戒烟来得容易，同样需要相当大的耐性才能如愿。与其无理、蛮横地制止小孩子吃手指头，还不如仔细探讨其原因，好好谋求改善之道。

随口咬人，并非是恶意攻击

一般来说，孩子咬人主要包括几种情况：

- 长牙时孩子牙龈发痒发痛，孩子会咬人。
- 孩子内心需求得不到满足时，为了发泄情绪会咬人。
- 孩子口腔敏感期没有得到满足而出现的补偿性反应。
- 界定和母亲的分离，和母亲划清界限时会咬妈妈。

所以说，孩子咬人并非什么恶意，父母不要以为孩子学坏了。这是他在无意中用口、牙齿去认识事物，与故意用牙齿去攻击别人有本质的区别。

父母要关心孩子的心理成长需求，切忌打、骂孩子。孩子咬人时，家长首先要舒缓和放松自己的心情，调节好情绪，理解孩子是因为内心有焦虑感而不知道如何表达，及时给予安抚，并给孩子适度的自由。当孩子咬被角和物品时，父母不要紧张地制止，而是给孩子空间和时间，让孩子通过咬其他的物品缓解焦虑。

伸手打人——只是想引起注意

不论多大的孩子，打人是因为内心对他人缺乏安全感和信任感。到了别的小朋友身边去，会担心受到伤害而主动先伸手攻击。攻击性行为和安全亲子依恋有关。亲子依恋关系建立得好，孩子会情绪稳定，对周围环境充满良好的安全感和信任感。父母可以多和孩子做亲子互动，亲子游戏，帮助孩子学会正确的交往方式。

玩弄生殖器其实很正常

几乎所有的孩子在 4 岁左右都会对自己的生殖器感兴趣，小男生会表现的更明显一些。个别孩子在玩弄生殖器的时候还会伴随有生理快感。家长们不用太担心，我们可以采用转移、忽视、替代等有效的转移方式，转移孩子的注意力。家长急躁反倒可能会事与愿违，进而强化了孩子的行为，养成了习惯就不好修正了。

让孩子学会主动收拾自己的物品

自己的事情自己做。孩子内在秩序敏感期的发展与成熟，会让孩子自己愿意去整理和收拾物品和玩具，使环境更整洁有序。1 岁到 4 岁是秩序发展的关键期，一般情况下孩子会非常的有秩序感。比如：只吃妈妈喂的食物、爷爷的座位别人不能坐、上楼梯时自己要在前面，等等。这个时候最好让孩子自己的事情自己做。孩子的要求是内心的感受和需求，只要不过分，父母就不要制止。自己挤牙膏、自己脱鞋、自己吃饭、自己喝水、自己叠衣服等等。这个时期正是锻炼孩子的时候，满足需求会帮助他们顺利渡过秩序的敏感期。

家有小小“电视迷”

对于小孩子来说，电视可不是个好东西。平时，爸爸妈妈要以身作则，尽量减少看电视的时间，多带孩子到户外去做运动和游戏。散步、踢球、游乐场玩耍都是不错的体验。在家里则可以用画画、剪纸、玩彩泥、搭积木等等活动替代“电视保姆”。老人是最喜欢看电视的，如果家里有老人，小孩子也自然会模仿。

爸爸说：“别看电视了，对眼睛不好！”

孩子说：“爷爷也看电视！”

如果爸爸说：“爷爷退休了，没有更多的事情做，所以只能看电视打发时间。”以为这样说就解决问题了，那就错了。孩子会希望自己也早点退休，这样就可以幸福地看电视了。

智慧的爸爸会说：“其实爷爷也不想总看电视，看电视久了眼睛干涩，颈椎腰椎都难受。只是爸爸还没有帮爷爷找到更好的活动。所以，你一起帮爸爸想想，看有什么好的办法帮助爷爷好吗？这样，爷爷的身体会更健康的！”

把别人的东西拿回家——只是喜欢不是偷

5~6岁的孩子把别人的东西，把幼儿园的东西带回家，是常见的行为。父母们不用大惊小怪或说一味责怪。对于孩子来说，“我喜欢，就拿走吧！”再自然不过。这是这个时期的孩子心理状态。他们还不能严格区分“我的”和“他人的”之间有什么不同，或者也可以说孩子还没建立道德行为准则。帮助孩子建立区分的概念是重要的。

经验是在错误中积累的，父母得知这一情况时，应该好好和孩子沟通，心平气和地问清楚为什么拿别人的东西。一定要告诉孩子这种行为是不对的。“如果喜欢别人的东西，需要征求别人的同意才可以玩，玩过了要还给别人!”这也是培养孩子换位思考的好机会。引导孩子去想“如果你的玩具丢了，会不会很难过呢？那别的小朋友丢失了玩具会不会难过呢?”

喜欢抢别人的东西——自我意识开始萌芽

新鲜感、好奇心和占有欲，驱动一个自我意识刚刚萌芽的孩子去抢别人的玩具。我们经常会看到，孩子手里拿着一个玩具，玩够了就扔了换一个。一看你把他扔掉的玩具捡起来了，就赶紧把第二个玩具扔了来抢这一个，等到你俯身捡起他扔掉的第二个玩具的时候，他会再一次扔掉第一个来捡这一个。如此反复，好像只有你手里的那个才是最好的。

自我意识萌芽期的小朋友喜欢划地盘，就像刚刚长成的小动物用自己的尿占地盘一样。即使扔在一边的玩具，也是属于自己的，他人是不能碰的。意思很明确：“我只是暂时放在那里，一会儿还是会玩的!”所以父母只需要提醒他自己收拾好就行，抢东西是不对的。不管孩子有怎样的初衷，我们都应该在第一时间纠正这种行为。别人的东西是不能抢的，引导孩子学会忍耐和控制，并用交换和表达请求的方式达到目的。

胡乱涂鸦——孩子最原始的创造活动

涂鸦有什么不好呢？简直太神奇了！欢迎宝贝“涂鸦运动”的开启！给他准备一大块地方，可以是墙面、可以是桌面、也可以是地面，总之，地方越大越好，纸越多越好。

为什么不呢？

人类是先有符号才有文字，孩子也是先画图案再学会写字的。这是生命成长的规律！孩子不希望自己的作品被无辜修改。他们当然画得不像，画得什么都不是，但这又有什么关系呢？连毕加索都说：“我用了一生的时间学习像孩子那样绘画”！

抽象、写意、波点不都是艺术吗？

家里有个“破坏大王”

亲爱的家长朋友们，看来你有点太紧张、焦虑了！

人心好比镜子，孩子是来给我们照镜子的。圣人之心好比明亮的镜子，而常人之心好比昏暗的镜子。朱熹的格物学说，好比拿镜子去照物，只在照的行为上下功夫，却不知道镜子本身是昏暗的，又怎么能够照物呢？格物之说，好比打磨镜子，使它明亮，在打磨镜子上下功夫，镜子明亮了自然能够照物。

在关系中发生的一切不如意，内心的评判，都是来给我们的照镜子的。疗愈清理可以帮到你。看到孩子弄乱了环境，就开始紧张，焦虑。如果你去一位特别敬仰的人物家里，他三岁的孩子在房间摆放了各种玩具和物品，甚至拿锅作为玩具在玩，而大人和颜悦色、心平气和地和孩子一起在游戏，你还有紧张和焦虑吗？

我家孩子是个“人来疯”

看来孩子需要关注了。增加关注他的频次，多给予鼓励和拥抱。“人来疯”这样的孩子最缺少的就是“正确的爱和尊重”。

红二胎——找回孩子的生命礼物

家里生了第二个孩子，第一个孩子都会有心理上的落差，会感觉到父母不够爱他了，把精力都放在了弟弟妹妹身上。其实这是孩子“吃醋”或者是自我求爱的方式。对于家长来讲，可能在这方面真的做得让第一个孩子感觉到不舒服，所以孩子才会这样想的。

当发现第一个有这种现象的时候，要如何处理呢？

第一，告诉孩子，你是父母的第一个生命礼物。

对于孩子来讲，你要清楚地让他感觉到，他是爸爸妈妈的第一份生命礼物，永远是最珍贵的，无论后面生几个孩子都无法取代。在生活中不能因为二胎小就特殊照顾，给老二买东西的时候，也要询问一下老大要什么。这样孩子感觉到你在重视老二的时候，也会重视到他的感受。

第二，要经常拥抱老大。

第二个孩子还小的时候，需要父母天天来抱。但是这个时候，也要挪出时间来抱抱老大。特别是早晨和晚上睡觉前的亲密拥抱，会让老大感觉到自己是被爱着的。没有被放弃、被忽视，这样孩子的心理就会好受多了。

第三，告诉老大，妈妈需要他做照顾老二的助手。

老二年龄小，父母给予的爱也会多一些。这个时候要告诉老大，这是你的弟弟妹妹，你们将是这个世界上最亲近的人，要互相帮助，互相关爱。妈妈邀请老大帮助自己照顾老二，这样妈妈就可以轻松一些，并且可以同时给老大更多的关注。

第四，不要责备老大。

有了二胎后，很多家长会喜欢对老大喝来喝去，骂来骂去，这是不对的。父母想要二胎，与老大的主观愿望没有关系，不能因为老二的事情而去对老大指手画脚。这样容易使老大性格更谨慎，缺少开创精神。

做父母的既然是要了两个孩子，你就要处理好两个孩子之间的关系。

第九课

讲道理不如讲故事

一个失明的老人坐在路边乞讨，旁边牌子上面写着：我是个盲人，请帮帮我。

他是那么可怜，可是路过的人却很少回应他。

一位漂亮的女士从这儿经过，她把老人的牌子翻过来，唰唰写下一行字，离开。

奇迹发生了，路人纷纷把硬币放到了老人跟前。

长日将尽，女士再次回到这里。老人问她："你在我的纸上写了什么？"

女士回答："只是用了不同的语言。"

她写的是：这真是美好的一天，而我却看不见。

"我是个盲人，请帮帮我"，是道理。而这位女士写的，是故事。

小故事撬动大地球！故事具有穿透人心的神奇作用，会讲故事的父母才更有力量。作为现代的父母亲，应该学习和储备一些故事，常用故事的形式来表情达意，并用生动的方式讲述出来。

世界上最优秀的心理学家和教育家都是讲故事的高手。例如美国最著名的催眠治疗师米尔顿·艾瑞克森，他在治疗一位烟瘾患者时，就很好地运用了故事疗法。

萨德坐在花园里等艾瑞克森的时候抽烟斗，被艾瑞克森看到了。轮到萨德做咨询的时间，艾瑞克森给萨德讲了一个故事。

艾瑞克森的一个朋友曾经是抽烟斗的人。但是那个朋友很怪，因为他不知道抽烟的时候要把烟斗放在哪个位置，放在嘴的中间么？还是右嘴角？还是左嘴角上？是离一厘米远，还是三厘米远？

怎么去握这个烟斗，是应该用三个手指吗，四个手指吗？手腕应该弯着吗？还是笔直的呢？

怎么把烟吹出来。他应该吹出很大的烟吗？还是很小的烟呢？是往下吹还是往上面吹？

该把烟斗放在哪里，放在手上吗？放在地板吗？放在桌子上吗？

应该怎么去点这个烟斗呢？应该用火柴吗？还是打火机？

应该怎么点烟草呢？火应该碰到烟草吗？火应该是在烟草前面吗？火应该是在烟草后面吗？还是右边呢？

他在讲的时候，萨德心理一直在犯嘀咕：他为什么一直给我讲这个故事？但是艾瑞克森很享受讲这个故事。他讲得很慢，一直在笑，这个故事整整持续了一个小时……讲完以后萨德整个人都呆住了。

两天后，萨德在回家的路上等红绿灯的时候突然想，我再也不想抽烟了！这是我的选择！

艾瑞克森没有说："抽烟对你不好，抽烟会导致肺癌。"他只是给了一个体验，他不断地说抽烟斗各种很怪的方式。作为一个年轻人，最不想要的情况就是变得很怪，所以一段时间，每当萨德拿起烟斗，都不知道要拿它怎么办。

这就是一个典型的艾瑞克森式的催眠，他没有去治疗那个问题，因为萨德也没有说他有问题，他做的只是把治疗的元素放进去。他把抽烟斗这个事情解构成了烟斗的位置、烟要怎么吹、怎么握烟斗这一个个的部分，在案主去体验这一个个的部分的时候，案主的情绪背景改变了：从觉得抽烟斗很酷到觉得抽烟斗很怪。艾瑞克森给信息，给体验，然后让案主重新体验人生，自己做决定。

——萨德《催眠大师艾瑞克森和他的催眠疗法》节选

作为孩子的父母，在合适的时间讲合适的故事，是一种重要能力。

宋庆龄的妈妈倪桂珍就是一位讲故事的高手。她给宋庆龄讲过一个《自食其言》的故事：

春秋战国时期，鲁哀公身边有一个叫孟武伯的大臣。起初鲁哀公很器重他，但他有一个坏毛病，常常说话不算数，这让鲁哀公很不满意。有一天，鲁哀公在宫殿里大宴群臣，孟武伯和哀公的宠臣郑重也在被邀请之列。孟武伯向来不喜欢郑重，便想趁机在宴会上出郑重的洋相。他问郑重：“郑先生怎么越长越胖了啊?”哀公听到了他们之间的对话，便插嘴道：“一个人常常吃掉自己的诺言，当然会变胖啊！”在座的大臣都笑了，大家心里明白鲁哀公这是在讥讽孟武伯说话不算数。孟武伯自己讨了个没趣，只好讪讪地喝酒。

宋庆龄听完故事之后，眨着大眼睛说："妈妈，我明白了，做人要信守承诺。"母亲笑着摸了摸小庆龄的头。

不久之后的一个星期天，父亲宋耀如接到邀请，准备带着全家去朋友那儿做客。刚出门，宋庆龄忽然停住了脚步。父亲问她怎么了，宋庆龄说："爸爸，我不去了。因为我刚想起来，昨天答应了小珍今天要教她叠小花篮呢。"

父亲不以为然，拉着她的手说："没关系，你可以以后再教她啊。我们快走吧！"

"不行，我们已经约好了的。如果我走了她正好过来怎么办？"宋庆龄有些为难，但仍然坚持着。

父亲又说："那也不要紧呀，明天见到小珍解释一下就行了。"

宋庆龄依然固执地站在原地不动，坚定地说："我不去。前几天妈妈讲故事的时候告诉我做人要守信。如果我真的忘记了，明天见到小珍可以道歉。但是我既然想起来了，怎么能故意不守信用呢？我不想把诺言吃下去。"

父亲听完之后，对她赞许地点了点头。

讲道理费劲口舌，讲故事深入浅出；讲道理是枯燥的说教，讲故事是愉悦的交流。一个故事让孩子学会了信守承诺，这比我们讲多少道理都有效啊！

关于自己的故事

作为父母，我们需要有一个关于自己的故事来讲给孩子们听。

那么如果你此刻坐在书桌的旁边，请你拿出一个记录本，并开始润色一个关于你自己的故事吧。这只需要花费5分钟的时间，内容涉及你的出生、家庭情况如何？你童年时什么样子？你青少年是什么样子？你在学校是怎么做的？你目前的生活情况如何？你最大的挑战是什么？然后把上面的生命故事融合成一句话。问你自己，如果这个故事有个主题，它会是什么？

还记得电影《阿甘正传》吗？他的母亲对阿甘说："人生就像各种各样的巧克力，你永远不知道哪一块属于你。每一个人的生命轨迹都是存在，而且是独一无二的。"阿甘正是听着这样的教诲，一步一个脚印地踩出自己的生命轨迹的。现在讲讲你自己，也可以为你生活的各个方面创造情景故事：家庭故事、爱情故事、孩子的出生、工作故事等。还可以写下你的作品故事，你的作品起源的故事，讲述你的作品对别人有什么作用。

我给我的孩子讲过我事业起源的故事。2002年，那是我最无奈和无聊的一年，在一个事业单位里工作，平稳而毫无激情。正当我对前途迷茫不知所措的时候，我发现自己居然怀孕了。天哪！孩子的到来就像天使的翅膀轻轻拍了我一下，使得我的生命轨迹发生了奇妙的改变，我决心做一名好妈妈。可怎样做才是好妈妈呢？因为对生育孩子毫无经验，我开始到书店里去寻找答案。一本关于儿童早期教育重要性的书籍《芝麻开门》走进了我的生活，从这本书里，我了解到胎教的意义和方式、新生儿游泳和抚触的手法、脐带脱落后的爬行训练、音乐对大脑的发育影响等等。对婴幼儿早期教育的探索热情和在孩子身上之后做的一系列成功实验坚定了我从事“儿童教育工作”的决心。后来，我辞去了工作，专心研究儿童心理学，并不断在全国各地做“早期教育的关键期培养”主题演讲，我的事业就这样发展起来了。

我给这个故事起名为“事业起源”。从此，我的孩子认识到自己对家庭、对家族都非常重要，也因为这种“坚定的家族重要性信念”令他在小学阶段即开始设计自己的生命轨迹——成为世界首富，并学习世界首富做慈善事业。这让我想起了“蝴蝶效应”。一只南美洲亚马孙河流热带雨林中的蝴蝶，偶尔扇动几下翅膀，可以在两周以后引起美国得克萨斯州的一次龙卷风。翅膀扇动微弱的气流会引发周围空气和其他系统相应的变化，由此引起一个连锁反应，最终导致其他系统的极大变化。不起眼的一个小动作能引起一连串的巨大反应，那么，父母的成长故事对孩子生命的影响呢？在我们的成长过程中，有很多的故事需要记录下来，这难道不是很有趣吗？

第一名的血液

我的孩子小学一年级成绩并不是很好，这让他比较气馁。小学一年级就开始没完没了的听写、测验、周周练、月考、单元测试、期中考试、期末考试，似乎孩子上学就是为了考试，“填鸭式”的教育模式压得孩子和家长们都喘不过气来。好容易盼来的体育课，在期末的时候还会被数学老师占用。孩子上二年级的时候，我感觉他的笑容明显少了很多。有一次，出差的前一天晚上，我和儿子去小区散步，就在那个时候，我给他讲了《第一名血液》的故事。

“儿子，今天妈妈想告诉你一个秘密，这个秘密只有我们两个知道，你能保守秘密吗?”

“什么秘密？我一定不告诉别人!”

“一言为定!”我们击掌确认。

“2003 年 3 月 22 日是你的生日，妈妈在产房，你马上就要出来了。在那一刻，我悄悄地在你的身体里注入了一种神奇的血液——第一名的血液!”

儿子诧异地看着我!

“这是世界上唯一的一滴‘第一名血液’，非常珍贵，是妈妈送给你的生命礼物。你一定要保密哦!”

儿子说:“妈妈，好像没起作用!”

“嗯，它现在还没有激活呢。‘第一名的血液’需要在特定的环境下才能被激活！可能是几年以后，也可能是十几年以后，不过，它一定会被激活，只是需要时间!”

“好的，妈妈!”

我们开心地继续散步，儿子的生命却在发生神奇的“化学反应”，在夜幕下黑色眼睛里闪烁的光芒告诉我，“这粒种子”已经扎根了!

这就是故事的神奇力量。当然，讲故事的方式也非常重要。

故事元素

组成故事的各种元素。

角色：可以是人物、动物或自然

背景：环境

情景：角色所处的环境氛围

行为：角色的行为

互动：角色与相关角色或是环境之间的互动

事件：环境或情景变化

一条一条来解析。

- 角色塑造

外在行为：小猪妞妞边走边哼着歌“噜噜噜……噜噜噜……”。

内在活动：小猪妞妞心想“如果今天能找到草莓田的话，我就可以美美地饱餐一顿了！”

内在状态：感觉好饿啊，而且越走越累，肚子里咕噜噜叫个没完。

- 背景

村子并不是很大，但每一座房子都很奇特。有小兔子的蘑菇房，小刺猬的茅草房，小山雀的树屋，还有大象的琉璃房。路面上镶满了各种颜色的宝石，阳光下特别的美丽。

- 情景

刚才还风和日丽的，突然要下雨了。一朵黑色的云不知从哪飘了过来，张大了嘴巴，感觉想要吞掉一切亮光。

- 角色行动、互动

小猪妞妞找到了草莓田，可是守着草莓田的是大河马，它力大无比还非常强横，会发生什么呢？

你可以编很多情节：晕倒、受伤、草莓精灵的帮助、获得神奇力量、分享等等。

- 环境和情节的变化

村里的小动物们得到消息后，大象的长鼻子有什么作用？小山雀的声音，兔子飞快地跑去干嘛了？

这些就是故事的元素，有了这些元素，你可以创编一个属于你自己的故事。这些元素不论谁放在前面，谁放在后面都可以，就像搭积木一样，随意搭建一个“故事房子”吧！你可以先讲情景：

“刚才还风和日丽的，这会儿突然要下雨了，一朵黑色的云不知从哪飘了过来，张大了嘴巴，感觉想要吞掉一切亮光！”

当然，你也可以先讲角色，这是最传统的讲故事方式了。

“小猪妞妞边走边哼着歌‘噜噜噜……噜噜噜……’心想如果今天能找到草莓田的话，我就可以美美地饱餐一顿了！感觉好饿啊，而且越走越累，肚子里咕噜噜叫个没完！”

……

讲故事最重要的是要有意义，最好有一定的生活教育哲理隐含在故事里。

隐喻

我们常常在故事中用到隐喻。隐喻的故事看上去完全与实际情景不符，以至于听者意识不到与他的经历相匹配。隐喻不需要包含解决方案，让听者自己去思考重点，这就是隐喻的作用。

• 情景 1：在孩子上学期间，会面临各种比赛，体育比赛、唱歌比赛等。还有校队的选拔、班委的选拔等。并不是所有的孩子都能如愿以偿地胜出，当孩子有点抱怨或认为不公平的时候可以讲下面的隐喻故事：

是金子总会发光的

一个人整天抱怨生活对他不公平，抱怨自己的才能不被人赏识，终于这件事让神仙知道了。神仙来到这个人的身边，捡起地上的一颗石子扔到了石堆里，说："如果石子就是你，把自己找出来。"那人找了好久也没找到，神仙又往石堆里扔了块金子，说："如果金子就是你，把自己找出来。"那人一眼就认出了代表自己的金子。但是做石子还是做金子，选择权在自己手中。每个人都要正确认识自身，在石子堆里，金子很容易被发现。要让别人发现自己，就要努力把自己变成金子。

孩子，爸爸妈妈相信你通过自己一段时间的努力会变成金子的！

• 情景 2：如果孩子因为别人的冷言冷语而不开心的时候，可以讲下面的故事：

自己的快乐自己做主

著名专栏作家哈理斯和朋友在报摊上买报纸。那朋友礼貌地对报贩说了声谢谢，但报贩却冷口冷脸，没发一言。

“这家伙态度很差，是不是？”他们继续前行时，哈理斯问道。

“他每天晚上都是这样的。”朋友说。

“那么你为什么还是对他那么客气？”哈理斯问他。

朋友答道：“为什么我要让他决定我的行为？”

• 情景3：每个人都有自己的难处，站的角度不一样思考问题的方式就不一样。当孩子不能接纳他人的行为而和对方产生矛盾时，可以讲下面的这个故事：

遇事多站在他人角度思考问题

一只小猪、一只绵羊和一头乳牛被关在同一个畜栏里。有一次，牧人捉住小猪，它大声号叫，猛烈地抗。绵羊和乳牛讨厌它的号叫，便说：

“他常常捉我们，我们并不大呼小叫。”

小猪听了回答道：“捉你们和捉我完全是两回事。他捉你们，只是要你们的毛和乳汁，但是捉住我，却是要我的命呢！”

立场不同、所处环境不同的人，很难了解对方的感受。因此，对别人的失意、挫折、伤痛，不宜幸灾乐祸，而应要有关怀、了解的心情。

• 情景4：作为小孩子，总有感觉自己不够好的时候。不能珍惜自己已经拥有的，而去羡慕别人拥有的。我们可以讲下面的故事：

鼓励孩子接纳自己

小蜗牛问妈妈："为什么我们从生下来，就要背负这个又硬又重的壳呢？"

妈妈回到："因为我们的身体没有骨骼的支撑，只能爬，又爬不快。所以要这个壳的保护！"

小蜗牛："毛虫姊姊没有骨头，也爬不快。为什么她却不用背这个又硬又重的壳呢？"

妈妈："因为毛虫姊姊能变成蝴蝶，天空会保护她啊。"

小蜗牛："可是蚯蚓弟弟也没骨头，也爬不快，也不会变成蝴蝶。他为什么不背这个又硬又重的壳呢？"

妈妈："因为蚯蚓弟弟会钻土，大地会保护他啊。"

小蜗牛哭了起来："我们好可怜，天空不保护我们，大地也不保护我们。"

蜗牛妈妈安慰他："所以我们有壳啊！我们不靠天，也不靠地，我们靠自己。"

其他技巧

讲故事一定要有亲和力。

“宝贝，我们来讲睡前故事吧！从前有个小姑娘，她有一顶红色的帽子……宝贝，你睡了吗?”

融入故事中，无论孩子发生什么都接纳。

“嗷呜，我要吃掉你！”双手放在胸前，掌心向外，模仿狼的爪子，身体扑向孩子！

用更慢的速度讲故事，在孩子呼气时用重音。

“我有一个特别好（重音）听的故事！”

优秀的故事涵盖着文化、历史，还有性灵，并传递着你与宇宙的关系。好父母可以发挥创意，并决定要用什么解决方案。在故事中增加不同的元素，如手势、身体姿势、象征、语气、语调、表情、服装、信念、表达、凝视、情绪、感知力、认知力等。孩子喜欢在故事中听到象声词，如“喔！”“啊哈！”“嘣、嘣、嘣、嘣”。说这些词的时候能像唱歌一样就更好了。当然“停顿”技巧必不可少，“从前！（停顿）在遥远的古代（停顿）……”当然，你要有足够的耐心！

如果你能走进现场听我给你讲这堂父母课，那你会感觉时间简直太快了，因为身临其境的故事会完全通过演绎来表达。欢迎你到来！

第十课
孩子——你的情绪我在乎

“喜怒哀乐，本体自是中和的，才自家着些意思，便过不及，便是私。”

——王阳明

译文：“喜怒哀乐的感情，其本来面貌就是中正平和的。只要你加入一点自己的意思，便会过度和不及，便是私欲。”

《伊索寓言》里有这样一个故事：

北风和太阳争辩谁最有权力，不分伯仲。恰逢一旅人，于是他们约定，谁先脱下旅人的衣服，谁就是胜利者。北风骄傲地先试他的力量，用力猛吹。但是风越大，那旅人将他的衣服裹得越紧。最后，北风不得不放弃了。北风请太阳出来，看看他的本事。太阳很快发出他所有的热力。不久，那旅人感受到太阳的温暖，便将衣服一件件脱下。最后，热得受不了了，就脱光了衣服，在路旁的河里洗澡。北风使出浑身解数也没有做到的事，太阳轻而易举就做到了。

如果不知道孩子行为、情绪背后的内在生命力量，我们就只会像北风一样在行为层次上去拼命达到自己的目的，结果却常常事倍功半或无功而返。但是，如果我们了解了孩子情绪表达后面的生命动力系统及大脑成熟阶段性，我们会像寓言中的太阳那样，轻而易举地达到自己的目标，同时满足孩子的需求。那么，在人际互动的过程中，解读情绪将变得轻而易举。

当达到互相理解的程度，我们不再拿自己的世界去衡量别人的世界，不再用自己的标准去要求别人，不再觉得不可理喻或不可思议。每个人都有自己的生命价值体系，我们都应该去尊重，尊重他人、尊重孩子与我们的不同。

一个完全不懂“道理”的成人对一个完全不懂“道理”的孩子大讲自以为是的“大道理”，讲的人情绪激动、面红耳赤，听的孩子愁眉苦脸、垂头丧气。之后，各自依然做着自己不懂道理的事情，循环往复。如果成人不懂儿童心理学和沟通说服力的技巧，这种情况不会得到改善、改变、转化。改变不应该是被强迫发生的，能强迫的只是行为。行为就像那生在地面上的草，怎么烧都没有用。只要根在，草必重生。就像扬汤止沸，只要锅底的火还在，汤就会再沸。所以，改变行为不如从内在去转化。内在转化了，行为自然就改变了，才能从根本上解决问题。

解构情绪

在我的工作台上，摆着一座陶泥塑的“情绪脸”，前后左右四面有四个不同的表情：喜悦、愤怒、悲哀、恐惧。这更像一个多面人，也可以说是一个完整的人，完整意味着多面和多角色，之后才会有丰盛的感觉。

情绪有很多，没有好坏对错。不过，由不同情绪所产生的行为的建设性和破坏性，我们可以简单地分为“好情绪”和“坏情绪”。

好情绪如：

高兴：愉快而兴奋。

开心：心情快乐、舒畅。

庆幸：为事情意外得到好的结局而感到高兴。

喜出望外：遇到出乎意料的喜事而特别高兴。

心花怒放：形容高兴极了。

心旷神怡：心情舒畅、精神愉悦。

赞美：赞叹、称赞。

怀念：思念。

如意：符合心意。

惋惜：对人的不幸遭遇或事物的意外变化表示同情。

乐观：精神愉悦，对事物的发展充满信心。

惊喜：惊和喜。

安详：从容不迫，稳重。

“坏情绪”如：

幸灾乐祸：别人遭到灾祸时自己心里高兴。

愤怒：气愤不平。

恼火：生气。

悲伤：伤心难过。

害怕：遇到困难、危险等而心中不安或发慌。

恐惧：害怕。

惊吓：因意外的刺激而害怕。

敌意：仇视的心理。

反感：反对或不满情绪。

厌恶：对人或事物产生很大反感。

担心：放心不下。

郁闷：烦闷，不舒畅。

自负：自以为了不起。

得意：称心如意，多指骄傲自满。

惭愧：因为自己的缺点或做错了事、未能尽到责任而感到不舒畅。

腼腆：害羞、不自然。

过意不去：心中不安、抱歉。

沮丧：灰心失望。

紧张：精神处于高度准备状态，兴奋不安。

气馁：失去勇气。

丧气：因事情的不顺利而情绪低落。

我们能否找到一个理由，证明我们的情绪是有害的，是不好的？

永远不能。

我们能否找到一个理由，证明我们的体验会限制个人性格的发展，会引发不好的成长？

永远不能。

所以，情绪不存在好坏对错。只有一条：在某种情境下情绪是否适合发生、是否适合被体验。

一般情况下，孩子进入3~6岁的时候，是情绪和力量发展的关键期。“六月的天娃娃的脸”这句谚语看起来是讲六月份天气的多变性，其实也说明娃娃的脸是阴晴不定的。3~6岁这个时候的孩子情绪状态切换频繁。刚才还在哭，一转眼脸上泪痕未干却又笑了，家长不必过于紧张。陪伴孩子发展情绪比发展认知更重要，因为它会帮助儿童建立自己和自己的关系，自己和世界的关系。帮助儿童更容易进入自己的内心世界，和内在的高自我连接。儿童可以借此得出他内在世界对外在世界的反应，情绪就是最好的阐释。

我们拥有两个世界。一个是外在的世界，在这个世界里，有外太空的黑洞、虫洞、恒星、行星、星系，需要认识地球上的树木、山峰、海洋、湖泊、森林，需要认识生活中的床、沙发、桌子、手机、电视，需要认识公园、图书馆、医院、游泳池、学校等。

我们还有一个内在的世界，情绪是我们内在的一部分。我们经历情绪也要认识情绪。喜怒哀乐等各种情绪都需要经历爱和孤独，需要认识感受、体验和觉察。

一句“男儿有泪不轻弹”害死了无数的男子汉们，让男人们不接受自己的脆弱和无助。强大的外表下难以掩饰内在的脆弱和无助，越掩饰越不能真实地做自己，强撑的结果往往会引发血管、心脏、糖尿病等身体病患。

内在世界和外在世界同样丰富，儿童也同样有对内在世界认知的内驱力。同样需要孩子在漫长的成长历程中去认识并体验。儿童成长的内驱力会延展出对外在世界的好奇心和探索欲。三岁的孩子会歇斯底里地哭，每当这个时候，我都能感受到生命内驱力的美，美到淋漓尽致。这就是孩子表达情绪的方式，情绪宣泄出来，内在才会流动，身体会更灵活。思想和身体是合一的，思想也会更灵活。

儿童认知情绪本身就是在发展自己的认知能力，在3~6岁时的情绪认知是最重要的认知，它甚至比认识外在世界更为重要。这是儿童建构自己生命的一个重要途径。情绪情感丰富的人才具有独特的个人魅力。

情绪是我们自己的，需要我们自己负责

“都是他的错，他让我很伤心……”

“他让我很难过……”

“他……”

都是“他让我很有情绪”，我们习惯了如此。不管情绪来自哪里，我们可以看到“我感觉到很有情绪”，情绪属于我们自己。此刻情绪是自己体验和感受到的，外在的人或物只是引发的关键枢纽，而愿意被引发是自己的问题。所以，我们应该认识到，此刻情绪是我的一部分，属于我自己。

向外求，把问题的解决权利交给别人，会让自己越来越崩溃。

向内求，把问题的所有权收回来，我是一切的根源，才有机会看到真实的自己并救赎内在的生命力。很多人心甘情愿被外在的事物控制。一位女士因为自己丈夫一次偶然的出轨而怨恨了二十年，也被这种情绪折磨了二十年。这让我想起了一个故事《小和尚过河》。

老和尚携小和尚游方，途遇一条河。见一女子正想过河，却又不敢过。老和尚便主动背该女子趟过了河，然后放下女子与小和尚继续赶路。小和尚不禁一路嘀咕：师父怎么了？竟敢背一女子过河？一路走，一路想，最后终于忍不住了，说："师父，你犯戒了。怎么背了女人？"老和尚叹道："我早已放下，你却还放不下！"

丈夫出轨是一次对婚姻的背叛行为，这位女士却用二十年时间无数次的体验这种背叛而伤害自己。该放下的不能放下，情绪就像一条绳索捆在自己的腰间，你可以选择用手抓紧绳索越来越紧，也可以选择找到头绪主动解开。既然情绪是自己的，受到伤害的就是自己，需要负责的也是自己。别人是没有办法负责的。纵然起因万万千，但此刻情绪只在我们身上。我们摔倒了，流血了，不能让鞋子和马路来负责任。只能先包扎伤口，呵护好它，下次走路小心一点，或绕开这个地方，用主动修正的力量来为自己负责任。

谁拥有情绪，谁就拥有解决问题的权力。成人的情绪属于成人自己，那儿童的情绪也属于儿童自己。来自哪里又有什么关系呢？当问题发生，你要先去处理问题，还是先去追究责任？

情绪是不会因压抑而消失的

“不许哭，再哭就不要你了……”

“笑什么笑，有什么好笑的……”

“到门外面去哭吧，什么时候想清楚了，什么时候回来！”

“看把你急的，真是无法无天，再这样我就揍你……”

当孩子宣泄情绪的时候，很多成人通过训斥来控制孩子：“再哭，我就不要你了！”或干脆置之不理、冷漠对待。或者哄骗来转移注意力：“别哭了，妈妈一会儿给你买糖吃！”。你以为这样情绪就消失了吗？

情绪是不能因压抑、转移而消失的。无论受了多少委屈也要憋在心里，这是很多成人的生活真理。有的人会不承认，心口不一的他们会大声喊出“我没生气”，有的人会边哭边强行压抑着说“我不难过”。他们只是嘴上不承认，语言上也不会真实地表达，这样情绪就消失了吗？

家里的垃圾扫到床底下看不见了，就消失了吗？没有，它还在家里。压抑的情绪会储存在身体的肌肉里、血液里、脏器里，中国的《黄帝内经》中早就讲述了情绪对身体的伤害，疾病大多由情绪引发。罹患乳腺增生的女士去医院就诊，医生给予最好的药物就是一句话：“保持愉快的心情！”

潜意识里有个情绪的罐子，随着装进去的情绪越来越多，罐子就会越来越重，会让你消耗更多的精力想把它们压抑住。精力被消耗太多，就会失去活力。假装没事但是笑不出来，也活跃不起来，当情绪的罐子满了的时候就会不分对象地爆发。人常常小题大做，会为了一点小事莫名其妙地发脾气。被压抑的情绪就是这样一个“雷区”，不允许任何人触动，一触即发。在外面越能忍的“好人”，回到家里的脾气越大。

情绪还会影响一个人的长相。有的人一看就热情亲和，有的人则严肃紧绷；有的人看起来凶猛残暴，有的人看起来矛盾纠结……这些都和长期的情绪控制有关。五、六岁的孩子就已经有了属于自己的“情绪堆积表情”。三岁以前大多是看不出来，三岁以前的那种明媚阳光和活力绽放，会随着时间而慢慢消失。情绪是一种能量，不会因为压抑而消失，只能释放和转化。但是首先需要承认它的存在。

从脑科学的发展认识孩子的情绪

大脑有三层结构，一层包裹着一层，它们功能各异。人在这三层大纲上建构思维系统。

- 原始的大脑（即爬虫脑）在脑干的区域，出生时便已经形成。主要作用是调节呼吸、血压、体温、心跳、维持生命。通过迅速反应来保证身体安全，是人类和其他动物共有的大脑结构。

- 边缘脑又称情绪脑。负责情绪，会将爱、愤怒、害怕等情绪带到行动中，是情感大脑。所有高等动物的大脑结构与人类大脑结构有 90% 的相同。

- 前额叶（大脑新皮质）。是人类特有的。主要负责思考、判断，决定先后顺序、控制情绪和冲动。聚焦未来、完成计划，具有高度精神功能和创造功能。

边缘系统成型于青春期，前额叶成形于 27 岁左右。

本能脑

本能脑位于大脑最里层，是最古老的大脑，也称爬虫脑，已经进化了超过 1 亿年。它位于脊柱顶端，主要功能是保证身体安全。当我们感到恐惧时，本能脑就被激活，自动做出战斗、逃跑或静止的反应。

新生儿的抓握、吸吮的生存反射是本能脑在发挥作用。本能脑只有在确定身体没有危险时才会做出重大改变，所以它也会阻碍重大改变的发生。小时候身体里锁着恐惧情绪的人，长大后恐惧情绪没有释放出来，积压在身体里形成自我保护机制，很难面对新鲜事物。对所有没有听过的没见过的事物第一反应是排斥、不接纳，并反对亲近的人接纳。认为“凡是新的体验都有危险”。

情绪脑

情绪脑在大脑边缘系统，就像一个小手套一样包裹着大脑的顶部。情绪脑和本能脑共同连接身体意识和情绪意识，提供主动记忆和当下意识。情绪会将过去学到的东西与当下体会到的东西结合起来，但不会想将来和长远的后果。它有三个主要特征：

- 投入式记忆

像重新经历过去的事一样，并伴随着当时的强烈情绪。伴随着强烈情绪的事情，总会让人印象更深刻。

- 喜欢让事物维持原样

我们感到对变化的抵制时，就是情绪脑在控制自己的思想。例如：早晨计划运动，可是闹钟响了多次都起不来床。听到闹钟响后，总会躺在床上做激烈的思想斗争："起，还是不起？这是个问题。"情绪脑会马上发出声音："太早了！以前我都是 30 分钟后起床呢。"同时，可能还会回想之前的此刻自己"甜蜜"的情境，直接将自己催眠了。所以要想改变一个就习惯，建立一个新习惯需要外部力量的支持，否则效果很微小。

• 考虑问题非黑即白

情绪脑考虑问题的方式为"是"或"否"，"对"或"错"，"这个"或"那个"。非黑即白，没有灰色地带或阴影地带。这样的思考很容易将我们带入极端，也容易限制了我们的思维。

情绪脑在婴儿时开始发育，到了十二三岁最为活跃，也就是我们常说的"叛逆期"。身高像个大人，但对于情绪相当敏感，情绪、思维和行为之间还不能把握好平衡和协调。这个时期的孩子经常会表现得不知如何表达自己的情绪，或用冲动过激的行为来表达自己的情绪。全世界自杀比例最高的年龄段就在十二三岁。边缘系统成形一直到青春期结束，所以要想克服情绪脑的惯性，就需要充分运用大脑皮质的力量。

大脑皮质

我们常常需要制定计划、完成各种各样的目标，这些都是面向未来的，需要我们有系统思考和全局观。这时需要运用大脑皮质中的左脑和右脑系统的视觉想象能力。大脑皮质有三个优势：视觉规划和全局观、分离式记忆、头脑中排练。凭借大脑皮层的速度和处理能力，我们的大脑比只靠惯性情绪支配的大脑灵活 1000 倍，能够做相应的视觉投射和视觉推理。男性的大脑皮质成熟年龄在 30 岁以后，女性早一些，在 26 岁左右。如果一个人成熟较晚，可能到了 35 岁 ~40 岁前额叶依然处于未成熟状态。所以，我们可以理解二十多岁的青年人为什么总是会情绪化，做事情缺少成熟度和灵活性，往往非黑即白的。对青春期的孩子，讲道理常常是行不通的。当孩子有情绪的时候，父母如果运用“同理心”的表达方式，会更能取得好的效果。一味地讲道理和训斥，往往适得其反。

常见的同理心表达经典话术有很多，通常效果都不错。

• “我看到（听到）……”（陈述看到的现象或听到的声音，不带任何情绪）。

• “我感受到……”（陈述自己的真实感受：生气、失望、喜悦、开心、悲伤、焦虑、紧张等等情绪）。

• “我期待……”（期待事情好的一面或更佳的结果）。

• “我相信……”

• “我看到你的房间里，书本躺在床上、地板上、椅子上，衣服没有放在柜子里而是扔在墙角，皱巴巴的。”

• “我感到心里非常的焦虑，还有点生气！”

• “我期待你的房间能整整齐齐，物品摆放有序，并且地板和桌面都干净整洁！爸爸妈妈相信你能做到！”

情绪释放

把情绪宣泄给长辈或权威，被评价为不懂事；

把情绪宣泄给同学、朋友，被评价为不好相处、情商低；

把情绪宣泄给爱人，破坏关系，伤害感情；

把情绪宣泄给孩子，则一代一代地复制，孩子会用同样的方式去伤害他的孩子……

该停止了！

情绪压抑不对，宣泄错了对象更不对！我们可以试试另外一种方式，放下或转变自己的观点，用新的进行替代。然后让自己变得更加完善和开阔，让自己能在情绪里完成成长，使情绪成为我们成长的动力。

运动、大声喊叫、发泄室发泄等可以释放情绪。很多学校都设置了“情绪宣泄室”。家庭中可以给孩子提供房间和抱枕，当孩子愤怒的时候可以摔打抱枕。这样宣泄情绪就像倒垃圾一样，让情绪有一个安全的出口流放出去。孩子宣泄完了后会特别善解人意、通情达理。这可是“情绪炼金术”，运用得好，你的命运将发生奇迹的转变！

好心情的驱动枢纽

情绪

思想

身体

态度

思想和身体属于同一系统；

思想和身体是互动的；

我们的思想会在我们的身体上反映出来；

我们的姿势（身体语言）会影响我们的思想；

我们的情绪源于我们的思想；

我们的思想和身体受情绪影响；

改变思想或身体都可以改变情绪。

我们一起来尝试改善心情。双脚与肩同宽，双手手臂打开伸向天空。头微微抬起，闭上眼睛，嘴角上扬。保持这个身体姿态几分钟，去拥抱太阳，心中默念：

“今天真是美好的一天啊！充满着爱、感恩、和平！”重复几次。直到你感觉心情好起来，然后收回手臂，双手交叠放在胸前，微微低头，眼睛依然闭着，心中默念：

“感恩在我身边发生的一切。这一切都是我吸引来的，都是我的意识创造出来的。我相信，刚刚发生的事情、刚刚对我说某话的人，都是来给我照镜子的，都是来帮助我成长的。我对发生在我身边的任何事情百分之百地接纳、百分之百地感恩、百分之百地臣服、百分之百地交给、百分之百地信任。我知道这一切的发生都是为了让我越来越好，都符合我的最佳利益和最高利益！感恩！”

怎么样？心情有没有立刻好转？

改变身体姿态，就改变了情绪状态，我们的态度也会发生神奇的转变。永远记得，不论今天是乌云密布还是夜晚降临，太阳，它一直都在，从来没有停止过照耀万物。太阳每天都为你升起，因为你值得拥有美好的一天！

人类普遍的心理需要主要有：爱、价值、自由、尊重、认可、关注与接纳。从出生那一刻起，就渴望爱，到九十岁时亦然。尊重孩子的生命成长需求，接纳孩子的情绪，在关系互动中，当一方处在情绪区时，爱他的最好方式是无条件接纳对方的情绪，并在对方情绪释放之后给予适当的正向引导。“喜怒哀乐的感情，其本然面貌便是中正平和的，只要加入一点自己的意思，便会过度或不及，便是私欲。”不管怎样，孩子毕竟是孩子，请父母放慢节奏，享受和孩子相处的每一分每一秒。不论孩子处在任何情绪区，始终保持中正平和的自如状态，给孩子时间和空间去经历和体验情绪的流过。如果能记录下来，那未来当我们老了，拿出来欣赏那份美丽的情绪笔记时，一定是生命最多彩的一笔。

第十一课

语言魔力——儿童语言表达力和表现力

一个人必须知道该说什么，一个人必须知道什么时候说，
一个人必须知道对谁说，一个人必须知道怎么说。
——现代管理之父德鲁克

语言具有穿透力，有时候像魔法一般还具有音乐模式，它包括了声音、宁静、声调、节奏、呼吸、重复、共振，以及其他非语言的模式。语言可以流动着穿过身体，并唤醒身体智能的感知能力。

人类学习语言，从胎儿的时候就开始了。聆听母亲“嘣、嘣、嘣”的心跳声音就是最初的语言学习。所以出生后几个月后婴儿发出的第一个辅音组合发生往往是“baba, baba”，而不是“mama，mama”，这就是大自然神奇的胎教语言模式。在胎儿后期，已经具备一定听力的胎儿听不懂由外在传递来的语言，并经由几层的阻隔后，形成最终的语言是：“西哒吧，咕哒吧！咕嘟、咕嘟！”所以这是最早的语言形式。我们在给成人做催眠的时候会加进“嘣、嘣、嘣”的声音以及“西哒吧、咕哒吧！”的乱语，还有哼唱儿歌，这些都会促进来访者更快地进入自体潜意识，并回溯婴幼儿时期的画面状态和心理模式。只有被唤醒和触碰到的，才有可能被疗愈。

如果三岁的宝宝对老师说："我真的好无聊啊！老师，我真的很累啊。"

这些话从稚嫩的孩子嘴里说出来，有些让人忍俊不禁。孩子这样的语言从哪里学来的。环境！孩子生活的环境，环境里人的交流成了孩子学习语言的第一场域。

孩子学习语言的工具只有耳朵和嘴巴吗？当然不是，我们来看看一位聋哑女作家的故事。

1880 年 6 月 27 日她出生于亚拉巴马州北部的小城镇塔斯喀姆比亚。在出生后 19 个月的时候，因为患猩红热失去了视力和听力。不久，她又丧失了语言能力。在这黑暗而又寂寞的世界里，她并没有放弃，而是自强不息，在她的导师安妮 · 莎莉文的努力下，用顽强的毅力克服生理缺陷和精神痛苦。她热爱生活并从中得到知识，学会了读书，并开始和其他人沟通。后来，她以优异的成绩毕业于美国拉德克利夫学院，掌握英、法、德、拉丁、希腊五种文字，成为一个学识渊博的著名作家和教育家。她走遍美国和世界各地，为盲人学校募集资金，把自己的一生献给了盲人福利和教育事业，赢得了世界各国人民的赞扬，并得到许多国家政府的嘉奖。她就是海伦 · 凯勒。

每个人学习的管道都不一样。特别是 0~3 岁的孩子，他们用身体触觉来学习，任何物品都要用嘴巴率先尝试、坐在屁股底下感受、蹭在皮肤上觉知。弗里得里希·尼采说:“你的身体比最深的哲学还要智慧得多!”我们参加一个美妙的活动,欣赏一场茶道的表演、聆听一段优美的音乐、和亲密的爱人相拥在海边漫步,在那样的时光里,身体是一个敏锐的智慧体,是所有有意义的思考、行动和感觉的智慧所在。和海伦一样,很多盲人也是用触摸的方式学习盲文并获得知识。我也从中习得了一种如何快速的阅读能力。有人问我如何能快速阅读一本书,我会告诉他:

“首先,静心,闭目,用手触感每一页!第二步将书拿到耳朵边通体听阅几遍!第三步才是用眼睛阅读!”如此而已,简单高效,最重要的是整个过程心平气和。

婴儿在学习语言的时候,会关心对方的表情和语气。父母严厉的、不耐烦的表情往往会引发孩子语迟或结巴。温柔的、和缓的、亲切的表情、语气语调则会激发孩子学习语言的热情。

0~1 岁宝宝语言发展特点

人对交流的渴望,在婴幼儿时期就很直观地展现了。婴幼儿虽然不会说话,但是他会尝试用各种方式来同妈妈交流。父母则可以根据幼儿各阶段的语言发育特点,来帮助他们进行语言开发。

0~2 个月时期

- 发展特点

易敏感。在意身边的各种声音,会长时间注视着说话的人。

爱交流。出生半个月左右,就向往和妈妈对话,开始发出哼哼声，还会使用不同的哭声来告诉妈妈不同的需求。

辨别与回应。到了 2 月大的时候，基本上可以分辨出妈妈的声音，并发出声音进行回应。

• 培养方法

多交流。和宝宝说话时表情可以略微夸张，鼓励他发声。

奖励。如果宝宝能够很快跟你说话谈心，就抱抱他，摸摸他，让他变得更爱说话。

多体会。宝宝的语言或许很难懂，但母子连心，静下心来慢慢体会。记住，任何一种宝宝的声音都要给予回应。

目光交流。在这一时期语言交流还比较困难，坚持目光交流，经常面对宝宝，会让他感受到你对他的爱。

2~6 个月时期

• 发展特点

可以发部分元音和辅音。宝宝在会笑之后，会不时发出 a、o、e 的声音。不开心时，会发现出 n、m、p 的声音，开心时还会夹杂着 k 的声音，还会咿咿呀呀地和妈妈“谈心”了。

愈发敏感。有人喊他的名字时，会立即转过头来找。看到熟悉的家人、书籍、玩具会发出欢快的声音。

多元化的声音。四个月大时，孩子会开心地尖叫甚至发出吐泡泡的声音。六个月大时，会朦朦胧胧地发出 ba，da，ma 的声音。

• 培养方法

锻炼舌头。可引导幼儿经常吮吸或舔乳头。

听音乐。播放很有节奏的儿童音乐，也可以有韵律地朗诵儿歌。

笑脸相迎。经常在宝宝面前笑，让他试着模仿滑稽的表演。

7~12 个月时期

• 发展特点

发音清晰。可以很清晰地发出 ba，ma，da 的声音，8 个月时就可以蹦出连着的 ba ba 和 ma ma 了。

爱模仿。10 个月时，开始模仿旁人的说话声音，而且越学越像。到了 1 岁左右，还会模仿小动物的叫声。

会理解。理解能力越来越强，赞同会点头，反对会摇头。开始理解大人的指示，如挥手拜拜，拍手等。

• 培养方法

宝宝会模仿你的声音来学说话，因此，和他说话时要放慢速度，一个字一个字地说出来，最好结合些动作来表达。

使用宝宝的语言，一同“咿咿呀呀”。他会看到你开心的样子更加努力地学说话。

跟着他说。这个阶段的宝宝说话常常是一个字一个字往外蹦，不妨随着他一起说，并给他以拥抱鼓励，让他不停地练习说话。

理解。即使宝宝会说某个字或词也未必能理解意思，家长要通过动作或者实物帮助他来理解。

1~2 岁宝宝语言发展特点

12~18 个月时期

- 发展特点

认知能力变强。幼儿逐渐认识一些简单的东西，比如球，灯，床等。

说奇怪的语言。开始创造新型语言，外人一般都不大懂，还会一直重复大人的口头禅。

会说少量词。其中包括吃、抱、抓等动词还有熟悉的物品、人名。

- 培养方法

正确的表达。这时期宝宝的表达能力不如理解能力，当他想喝水时，可能只会说“妈妈”。这时你需要说“妈妈马上给你拿水杯”，再重复“水”字，以后他就会说：“妈妈，水”。

读书。给宝宝读书，并着重强调人名和物名，重复他熟悉的物品名字，并引导宝宝来跟着读。

听声音。让宝宝听各种声音，如下雨声、打雷声、翻书声，并帮助他辨别。

联系生活。从身边开始，让他辨别不同物体的颜色和类别，可以教会宝宝数数等。

18~24 个月时期

- 发展特点

会说短句。能力稍强的孩子可以轻而易举地说出四五个字连成的句子了。适当引导，掌握 30 个词汇不成问题。

学会交流。开始学会真正的沟通，会礼貌地等待别人说完后，再说出自己的意愿，并在不同的场景下说出不同的词，能够回答大人简单的问题。

喜欢重复。热衷于重复听自己喜欢的歌，重复看自己喜欢的书及动画片。

- 培养方法

多用形容词、副词、介词。这时的宝宝开始渐渐熟练地使用名词和代词。在和宝宝的对话中加入形容词、副词、介词，并努力用肢体语言让他明白其中的含义。

切勿比较。不同的孩子语言能力都有所不同，不可盲目催促或者比较，这会破坏孩子学习语言的兴趣。

2~3 岁宝宝语言发展特点

- 发展特点

可掌握 300 个左右的词汇。说话越来越流利，对新词汇保持浓厚的兴趣。可以耐心听别人说话，能力强的孩子可以说出 6 个字的复杂句子，背出 10 首左右的诗歌。

语言能力变强，对情节复杂的故事越来越喜欢。爱听大人的对话。灵活使用代词、连词、时间词、礼貌词。喜爱提问，观点表达比较清晰。

• 培养方法

拓展朋友圈。让孩子多和同龄人交流相处，学会更多更实用的交际语言。

重复故事。重复宝宝喜爱的某个故事，这会帮助他理解得更透彻。

读情节复杂的故事。这类故事中会有很多新鲜的词汇，听这些故事能帮助宝宝拓展语言。

3~4 岁宝宝语言发展特点

• 发展特点

大胆自信。说话愈发流利，信心满满。会使用多种句式，包括命令句、疑问句、请求句，多使用语气词。

学习能力强。对于新颖的词汇和语法，学起来很快，并善于运用，还会造出奇怪的词。

• 培养方法

耐心。这时期的孩子经常说错话，不要在众人面前批评他，而是耐心地一遍遍地教会他，鼓励他。

一起解决难题。孩子分析能力变强，面对问题时不妨让孩子参与进来，鼓励孩子表达自己的想法。

跟孩子说悄悄话。孩子热衷于说悄悄话，跟他做好互动。

有问必答。孩子有问题要马上回答他，不能逃避或者是撒谎。要主动耐心聆听，可以在交流中使用复杂的句子，让孩子学习新的技能。

阅读童话。童话书中的人物对话健康，故事内容既能让孩子兴致盎然，还能让他学会对话的技巧。

家庭场域

家庭场域即环境加氛围，是孩子学习语言最直观重要的因素。曾经有一位叫果果的 2 岁半孩子，妈妈带着他来幼儿园咨询。果果当时只会叫爸爸、妈妈，眼神里透出胆怯和退缩。当问到妈妈，主要是谁带孩子，妈妈回答说是保姆，而且已经换过三个保姆了。在孩子幼年时期变化看护人，是会影响孩子的安全感和语言发展的。果果由第一个保姆带的时候，胳膊曾脱臼过，所以后面的保姆担心孩子受伤，只负责孩子的起居饮食，平时很少带果果去户外玩耍，耽误了孩子语言发展的最佳期。当然，还有一个很重要的原因是“家庭场域”没有促进孩子语言发展的环境。

儿童学习语言的能力令成人望尘莫及。出生的头两个月他们就可以同时辨别三种以上语言的不同之处，这也是为什么生活在多语种家庭中的孩子能够同时掌握三门到四门外语。《卡尔·威特的教育》一书中说，小卡尔·威特在 8 岁就可以说八门语言，就是“场域”的作用。生活在多语种氛围里，又伴随着精心设计的语言学习环境，所以小卡尔·威特可以掌握多门语言。如果一个家庭氛围比较紧张，总是出现恐怖的事件（比方酗酒、吵架、斗殴等），孩子处在惊吓当中，语言发育也会迟缓，甚至一生都是一个在语言表达上比较木讷的人。说话颠三倒四、语无伦次等。母语掌握不好，学习第二门语言也会产生相应的障碍。相反的“家庭场域”是幸福的、快乐的、健康的，是有疗愈能力的。孩子生活在这样的环境下心情比较轻松，往往口齿伶俐、说话早、表达清晰，成人后发表演说的机会、沟通说服的能力相对更好，学习几门语言都会易于掌握。

第十二课

幸福婚姻——送给孩子最好的礼物

宜言饮酒，与子偕老。

琴瑟在御，莫不静好。

——《诗经·女曰鸡鸣》

这首诗歌的意思是：和你一起喝着酒，和你一起慢慢老去。琴瑟相互和鸣，奏出最优美的音乐，再也没有比这更好的了。这是我最喜欢的描写婚姻的句子之一。

真正的爱是什么？

真正的爱是没有占有和负担的爱！要获得美好恒久的爱，要对对方没有要求，两个人都能做到自己照顾自己的人生。

每次我讲婚恋关系的主题的时候，都会做一次现场调查，每次只有极少数人会举手，只有极少数人认为自己的亲密关系是美好和谐幸福的。

我们要了解婚姻对孩子的影响。如果孩子在成长过程中，没有培养出创造自己人生的力量，他一生都会带着未曾成长的心态，会把对母亲的需要和期待投向对方，使得两个人都活得很辛苦。我自小生活在一个离异的家庭里，妈妈在我六岁的时候彻底离开了家。

那时我刚上一年级，妈妈送我去学校后离开了。当时，我已经明白，这次分别意味着很久都不可能再见面，因为我知道爸爸妈妈已经分手了。所以当妈妈离开教室那一刻，我彻彻底底的崩溃了，我号啕大哭。在30岁那年的一次灵性的课堂上，这份长达24年的伤痛才得以修复。而在这之前，这道伤口一直影响着我的婚姻和人际关系——“大不了不过”“大不了分手”“再也不理他了”“断绝”，这些极端的想法一度成了我的关系模式。这是一种潜意识的、被抛弃模式演化的“决绝”人格力量，我庆幸最终自己疗愈了自己。

在婚姻里成长与未成长的主要分别在于：成长了的人能够照顾自己、照顾别人。而未成长的人，则需要别人照顾，不愿意面对挑战，不愿意承担责任，甚至把伴侣当作父母。未曾成长的人，会向对方过多索取，不断抱怨，使两人之间产生紧张和冲突，扼杀爱的意义。

三岁的孩子能够感受到父母因为钱而争吵，感受到父母的恶劣态度和他们极度的挫败感。这种僵持的画面混在杂乱的家务中，孩子能够感受到这个僵持的场域。甚至会莫名其妙地认为这一切都是自己造成的，会认为家里没钱是自己的原因而不是父母的问题。于是内在潜意识开始有了一个决定：钱是坏的东西，需要远离，因为如果没有钱这个东西，人们可以更好地相爱。同样的决定每天在自己的潜意识里重播，影响到自己成年后的工作。对工作无能为力，不愿意付出太多，认为工作是负担，而空闲是导致自己更加无聊和挫折的时光。对大多数人而言，成功是个很大的负担，是一种牺牲，因此又何必要成功呢？三岁的一个决定，被种在潜意识里，成人后虽然知道钱多一点会生活好过些，不过我们的行为是受潜意识支配的。虽然意识不断地强调要赚钱赚钱，最终我们还是来到了潜意识控制的方向。对工作疲于应付，对事业无力追求，而不断破坏自己的事业——而这一切的发生，源自三岁时的自己做了一个决定。

人类成人 VS 人类孩童

在婚姻里成长与未成长的主要分别在于：成长了的人能够照顾自己、照顾别人。遇到问题想办法理性解决，并持续不断地自我学习成长。遇事“向内求”是心智成熟的一种标志。“向内求”是引发自身成长的原动力，往往在实践中去探寻最佳解决方案和路径，不是陷入问题区不能自拔，而是跳出“问题框架”看问题。这是一种心理年龄和实际年龄相符合的生命状态，我们称之为“人类成人”。“人类成人”不会抱怨，也没有时间去抱怨，因为问题是用来解决的，不是用来抱怨的。问题是包装好的“礼物”，打开后会获得新的洞见和收获。

而心理年龄未成长的人，则需要别人照顾。不愿意面对挑战，不愿意承担责任，甚至把伴侣当作“父母”，认为对方需要对自己负责任。未曾成长的人，会向婚姻中的另一方过多索取。带着 12 岁之前的“童年未了情”（童年期待）在婚姻里玩着“自以为是的游戏”。不断抱怨，期待对方改变，认为对方改变了自己的生活就圆满了。将对方暂时的让步看作是自己的“胜利”，还一次次拿出来在人前炫耀。认为贬低对方就能抬高自己。大多数的人心智在12岁的时候便停止发育了，如果一位40岁的中年人只不过是拥有40年的年资和一个12岁孩子的心智。我们称之为“人类孩童”。

一只蚱蜢陷入蜘蛛网中，被蜘蛛注入不会致命的毒液。然后被一层一层的蛛丝紧紧缠裹，但仍留其活口以保持新鲜，但被牢牢的束缚住，以防其挣扎或逃脱。因此，它虽然活着，但与原本活蹦乱跳的真正蚱蜢已完全不同。那种动弹不得、麻痹僵呆的情况，颇能代表长期处于“人类孩童期”的状态，但全世界都误以为这就是成年人的正常样貌。

——杰德·麦肯纳

“人类孩童”的生命状态：

- 私
- 贪
- 控制
- 不安
- 愚蠢
- 自以为是
- 炫耀
- 分别心
- 推卸责任

- 暴力

这十条可以称作杰德描述的“蛛丝”，而“不会致命的毒液”应该就是：恐惧。我们在前面几章里都有对恐惧的描述：孕期胎儿恐惧、出生恐惧、与母亲非正常分离（出生后住保温箱、隔离断乳）的恐惧等。越在低幼时期，所遭遇的心理恐惧中毒越深，也就是说，“胎儿恐惧”是中毒最深的。其次是出生恐惧、分离恐惧。

“人类孩童”想要成长，需要洞悉自己受到了束缚，渴望自由的人会发现自己的状态是有可能发生戏剧性转变的。我自己就是个例子。当然，我也见证了很多家长们在课堂上的蜕变。而父母学习成长最显著的效果是“停止抱怨别人”，开始关注自身内在的灵魂修炼。

亲子关系

家庭中“人类孩童”的亲子关系可以形容为两个或三个孩子的斗争。看看下面的情景在你家里有没有上演过：

- 妈妈向孩子哭诉自己的不容易；
- 爸爸和孩子抢夺电视遥控器，都想切换到自己想看的节目；
- 和孩子玩游戏时，父母会突然变得很愤怒而拒绝再玩下去；
- 孩子弄乱了自己物品，控制不住骂孩子；
- 孩子弄丢、弄坏了玩具，父母非常生气；
- 对孩子说讽刺、挖苦的语言；
- 父母骗孩子说“你再这样做警察就把你抓走！”

• 父母对孩子说“我不要你了！”

• 父母一会儿叫“宝贝”，一会儿又大声训斥孩子。

这仅仅是九种家庭常见情景。洛克说：“幼小时所得的印象，哪怕是极微小，小到几乎觉察不出，都有极重大及长久的影响。”亲子关系对未来成人后的影响极其重要。凡是压抑和锁结的情感关系固定下来成为“个体人际模式”，最容易被带进自己的婚姻里。

婚姻不稳定的原因

没有充分成长的“人类孩童”经常批评抱怨，希望世界改变。而“人类成人”用接受的态度去面对世界。他们改变自己，遇事向内求，因为“外面什么都没有，只有你自己”。自己改变了，周围的一切也会随之改变。“相由心生，境由心造”就是这个道理！

结婚对象的三大致命缺点：

不肯改变

“你的错！”“你的错！”“我是对的！”

“不肯改变”的顽固病毒对两个人之间关系的伤害不可小瞧。

有这种缺点的人，不理会其他人、事、物，不会想这样的后果，拒绝别人的提醒、建议、劝告和恳求。最终使所有在乎自己的人，不是离开他就是掉进痛苦的深渊。

生活中难以变通，“大不了不来往”“大不了不干了”，这是潜意识里不肯低头，不肯调整，不肯做出让步和改变。有句话说：“别和疯子吵架，否则别人会区分不出谁是疯子！”这种心态是 12 岁之前的心智模式和情绪体验，是“我执”的外在呈现。释迦牟尼菩提树下顿悟时说：“人人皆具如来智慧德相，但因妄想执着而不可征得。”意思是说，人人都有佛的智慧，只是因为妄想和执着，智慧不能显发。

自己不肯改变，却妄想他人顺应自己的意愿而改变，这不是妄想执着吗？这样的人会受潜意识的驱使，不断去破坏人际关系和成功机会，不可能拥有成功快乐的感情和人生。

托付心态

把自己成功快乐的责任交给别人承担，这样会给对方很大压力，而自己没有责任，导致双方产生距离和隔膜。有些父母说“我牺牲了自己的事业，养活你、培养你!”这句话孩子听后如泰山压顶，喘不过气来。你“牺牲了自己”，我“学习是为了你”，这样的生命重负下，天赋是难以被激发的。即使学习好，考上名牌大学，之后的人生道路也维持艰难，往往怀才不遇，不知幸福为何物。

把人生的成功快乐重新掌握在自己的手里，不断地策划如何能够增添更多成功和喜悦，自己便能够与时俱进，把握住自己的幸福和丰盛，这才是真正的生命之道。自己活得开心富足，孩子自然开心富足。

不愿分享内心感受

不让对方充分尽到伴侣的责任，扼杀对方向你提供支持的机会。有些事情发生了，担忧是不可避免的。让对方与你共同承担，而不是暗自猜疑，这样会更好。

在这三大缺点中，绝对无可救药的是“不肯改变”。另外的两个，虽然凶险，只要第一个缺点不存在，还是有转机的。除了这三点，所有其他的缺点，只要两人都有诚意把关系搞好，都可以消除。改善关系，需要提升自我价值，自我价值就是自信、自爱、自尊。

如何经营好幸福的婚姻，我们要了解男女心理差异：

- 女性需求：关心、理解、尊重、忠诚、体贴、安慰。
- 男性需求：信任、接受、感激、赞美、认可、鼓励。

这是至关重要的“换位思考”方式。站在对方角度，做出符合对方心理需求的行为，说出对方心理需要的语言。比如，当对方伤心哭泣时说“我理解你的感受!”，比说“哭有什么用!”更让对方舒服!

婚前婚后心理变化

- 由相互依恋的关系向婚姻关系转变
- 由接触式的关系向紧密式的关系转变
- 由情感关系向社会关系转变

婚姻不是你爱我、我爱你那么简单，婚姻是社会人际关系和亲密关系的合体。婚姻不是领了“结婚证”那么简单，婚姻是一对互助成长的生命合伙人，事业共同体。婚姻有着一个终极目标：幸福喜悦过一生！而“婚姻迷航”的人以为金钱、地位、物质、陪伴、有面子才是婚姻的目标，这不是偏离航向了吗？有多少人因为无法经营自己的“幸福婚姻”而在事业上一败涂地，又有多少人偏离了“婚姻航向”而贪腐、受贿锒铛入狱。还有多少人迷失在“婚姻纠葛”里，陷入困境，借酒消愁!

婚姻是门艺术，是需要探究的学问。这门学问背后的唯一出路，就是让自己成长为“人类成人”。摆脱我们被强加在身上的幼稚和软弱，发展出我们原本就具备的无限力量、无限潜能和无限创造力。我一生的使命就是帮助更多人成长为“人类成人”！而“沟通能力”是“人类成人”需要掌握的一项技能，就像会开车、会使用电脑、会烹饪一样，是一种人类技能。

女人需要倾听

大多数的女人在学会“倾听”之前是特别喜欢讲话的，结了婚的女人话就更多了。听者只要做三件事：倾听表达的内容、观察非言语行为、给予适当的简短反应。

我的爱人果园先生是最善于倾听的人，他一度是我最好的听众。有时我明明感觉他听不明白，不过他还是表现出浓厚的兴趣，耐心地坐在椅子上，什么事都不做，只是在倾听我叙述。被倾听的女人何其幸福！我的想法，我的人生目标，我的读书心得，我的课程体悟等等，这一切都在谈话中得到升华，凝聚成新的策略和悟道。

女人最大的幸福，就是不论在任何时候，你都能找到一位优秀的听众。他（或她）不用发表意见，不用急着回应，只是默默地听着就可以了。最好能有专注的眼神、适度的点头、偶尔的回应，简单几句“我理解你”“我相信你”“我懂你”就可以了。女人不需要答案，答案永远在自己心里。

男人需要欣赏

男人最在意的是“被欣赏、被接纳、被认同”，培养男人的自尊心，男人才能立得住。在外面奔事业的打击已经够多了，回到家期待能被妻子理解和尊重。

如果妻子去见丈夫的家人，智慧的女人，请记得一定要在丈夫的家人面前夸奖他，表现出“我能拥有您的儿子好幸运啊”的幸福。其实他的缺点你不说，全家都明白。听到这样的夸赞，丈夫家人内心会有富足感，丈夫自然会对做妻子的加倍的好。

如果希望男人有担当，那智慧的女人会说：“我丈夫是位有责任感的人，他不仅对孩子负责，对家庭负责，对工作也认真负责！有他真好！”不管真实的情况是怎样的，你只需要这样去说就好了，而且态度一定要真诚。

你希望男人下厨房，你只需要在吃饭的时候，悠悠地表达一句：“如果能吃上我最爱的人亲手做的饭菜，那我会无比的幸福喜悦！”如果一次没有达到目的，那就多说几次。你可以尝试一下，非常有效。如果他做的饭不好吃，千万别批评，而要说：“哇，只要是你做的我都爱吃！”天哪！这是婚姻幸福的终极秘密，你能掌握吗？如果你做不到，那你需要修复自己的生命系统，疗愈自己的情绪体。记住，外面什么都没有，只有你自己！你是一切的根源！拿出一种“臣服”的生命态度，对一切的关系表现出无条件的“臣服”！

良好的沟通一定来自“臣服”的生命本质。婚姻沟通、亲子沟通都是如此。

“我听到__________________。”

“我看到__________________。”

“我感受到 ________________ 。”

这些句式的使用需要“臣服”的心态。“臣服”的反义词是“征服”。家是爱的港湾，不是战场、斗胜场，无须征服。大智慧的女人用“臣服”俘获男人的心。女人若水，水至清至柔，滋润万物，但从不与万物争高下，这样的女人是家的福气。

寻找新视角

不管出现什么事，都要去寻找一个积极的视角。

学会认错

“认错”不见得真的有错。“认错”是一种“人类成人”的生活态度。我们会对一个抱怨父亲回家晚的孩子认错：“好吧，爸爸错了。这么晚回来，没有陪伴你去游乐场玩。爸爸向你道歉！对不起宝贝！”放低姿态，换个角度，一切都会美好起来！世界上的事很多没有对错之分，只有立场和动机的不同，适度道歉也会是解决问题的好办法。

用成长替代四大负面沟通

在婚姻中常见的四种负面无效的沟通方式：

- 批评

“给你说了多少遍，总是不改！”

“你什么时候能长点志气？”

- 轻蔑

“有什么了不起，刚当上小领导就弄不清自己是老几了！”

“回到家，你什么都不是！”

“懒得像头猪!”

- 防卫

“别碰我!”

“我没事，你走吧!”

- 筑墙

“我对你无话可说!”

“你说什么我都听不进去!”

“闭嘴!”

如果家庭里出现负面沟通，那往往不是一种，而是四种都有。在这样的环境下成长的孩子耳濡目染，习得的也是负面沟通模式。家庭是孩子的第一所学校，这样的父母在伤害彼此的时候也累及无辜的孩子。若想减少这些破坏性行为，最好的办法就是:

- 首先要认识到自己的情绪是对童年原生家庭父母关系的投射;
- 找到安全的方式，在不伤害别人的情况下释放清理自己的情绪;（见第十章的方法）
- 多想对方的好处和优点;
- 婚姻是讲爱的，不是讲理的;
- 我不想离婚，那就好好过;
- 自己学习成长;
- 组织家庭读书分享会;
- 多参加“幸福婚姻”和“生命疗愈”的研讨会;
- 加入一个互助成长社团。

白头偕老的过程，实质上也是夫妻双方相互适应、相互磨合、相互影响和改变的过程。

冲突 = 机会

冲突使爱更上一层楼，冲突是通往亲密关系的康庄大道。

《佛光菜根谭》中有对好太太的讲述："上等的太太，治家整洁，贤惠有礼。中等的太太，慰问、赞美丈夫的辛劳。下等的太太，唠叨不休，刻薄自私。"

"家有良妻，如国有良相。"一位贤良妻子能开源节流，将家打理得妥当，维护环境整洁。态度温敬柔软，周到体贴，行仪慈孝和顺，让先生无后顾之忧。治家能力差一点的太太，至少要能多说好话，要常常慰问、赞美丈夫的辛劳与付出。下等的太太，不但不善于治家，丈夫辛苦一天回到家时她还会喋喋不休，要么嫌弃他赚的钱太少，要么埋怨住得不好、穿得不暖，如此只会让丈夫觉得家如监狱。很多失败的婚姻都是因为不能谅解对方的辛劳，不能体会对方的付出。所以，夫妇之道从互相欣赏、互相体谅开始，遇到困难险阻时能互助斩荆、共离困境，婚姻才能美满。

《佛光菜根谭》中对好丈夫的讲述为："上等的丈夫，回家帮助太太料理家务。中等的丈夫，回家喝茶看报，赞美太太。下等的丈夫，回家气势凌人，嫌东嫌西。"

上等的丈夫会想到太太忙于工作，还要忙于家务，必定辛苦，下班回到家里，他会体恤太太的辛劳，协助太太操持家事。这样的丈夫，必定是上等的好丈夫。不会帮忙做家事的丈夫，回到家里虽然喝茶看报纸，至少嘴巴还会赞美太太，感谢太太的付出。如此，太太再怎么辛苦，也能甘之如饴。最下等的丈夫，回到家里，就是一副自己最辛苦，自以为对家庭付出最多的姿态。要么嫌太太菜煮得不好，要么嫌太太不会打扮，看不顺眼。东嫌西嫌，气势凌人，这是最下等的丈夫。

记住，婚姻的终极目标是：幸福喜悦的一生！“婚姻迷航”的你，一定要赶快调整方向，在婚姻中修炼自己！我在自己的婚姻中用了 20 年修复了童年和父亲的僵持关系，丈夫果园先生一再用他的行为给我“照镜子”。冲突之后的内观、疗愈从而更加的丰盛、和谐。凡是没有修复的都会带入下一段婚姻中，所以要在一段关系中觉察和修复，直到彻底解脱出来。当然，并不是说不能离婚，而是在你修复好了自己之后，再选择走入第二段两性关系。而一般那个时候也不会走到离婚这一步了。

幸福婚姻是我们人生旅程的必修课，阴阳和合，太极之道。所以，幸福的婚姻是送给孩子最好的生命礼物，家庭也是孩子习得婚姻幸福的学校。

第十三课

隔代教育——浓浓的爱该如何表达

世界所呈现的明显分裂这件事是次要的，超越那个二元分化对立的世界，是一个未被看见但可以经验得到，存在于我们所有人中的合一与认同。

——约瑟夫·坎布尔

“隔代亲，隔代疼”成了中国家庭教育的最大问题之一。孩子成长过程中，老人是一支非常庞大的生力军。这是不容忽视的问题，也是我在本书最后一章要重点阐述的板块。

老人为什么喜爱孙子

退休在家的老年人到了颐养天年的“夕阳无限好，只是近黄昏”时期。生命走到了这个阶段，人往往会怀念过去，有成就也有遗憾、有欢喜也有悲伤，更多的是对时间一去不复返的畅怀。快下车了，又不知道终点是哪里，这种落寞的情结是那些为了工作赚钱而执着的青年人茫然不解的。

这个时候，一个新生命诞生了。他令老人的生活一下子鲜亮起来，每天只要看到小宝贝就有心花怒放的幸福感。活着就是要有希望，否则活着还有什么意思？于是老人全心全意关注这个小生命，小孩子的一颦一笑都牵动着老人的心。他哭了老人就紧张，他笑了老人就喜悦。他疼了，老人会比他还疼。他委屈了，老人会难过。

小孩子精元气足，老年人精气不足。这充足与匮乏、饱满与短缺之间，形成了一种气的互补，像太极阴与阳的和谐共处。这看似渺小脆弱、未经雕琢的生命中，有着成人鲜有的厚德，在他黑宝石般的瞳仁里总是闪烁着世间少有的纯真。而老人经历了一世风尘，早已沾染了世俗的习气，渴望复归一种单纯的“小孩”状态。因此更多的时候，老人通常认为带孩子是一个甜蜜的负担！

溺爱的伤害

爱没有了界限是非常可怕。老人如果仅仅满足自己对付出爱的需求，而忽略了孩子成长中做自己的需求，那么生命的“溺”就开始了。

我在一次讲课中做过一个“溺爱实验”。准备一个装满水的玻璃透明容器，一个小人偶。把小人偶丢进装满水的容器里，小人偶晃晃悠悠地沉下去。我说：“如果这是你的孩子，在充满着溺爱的环境里会发生什么？”现场一片哗然：“淹死了！”

对呀，“水”和“弱”组合的汉字“溺”，不就是在提醒我们爱要适度吗？

“溺爱”在词典里的解释是：照顾者庇护孩子，同时也妨碍孩子试图做出独立行动的任何努力。被溺爱的孩子在家庭中常常表现为：

特殊待遇

孩子在家庭中的地位高人一等，处处受到特殊照顾。如吃“独食”。好的食物放在他面前，只能他一人享用；做“独生”，爷爷奶奶可以不过生日，孩子过生日得买大蛋糕，把孩子放在家里“祖宗”的位置上对待。

应对策略：理性惩罚。如果孩子还继续要无赖，父母可采取“冷三分钟”的办法。

轻易满足

孩子要什么就给什么。这种孩子容易养成不珍惜物品、讲究物质享受、浪费金钱和不体贴他人的坏性格，缺乏忍耐和吃苦精神。

应对策略：对孩子的要求不能一味地满足，要分清对与错。合理的要求可以满足，无理要求不能答应。孩子一旦哭闹，千万不可打骂。可以用到“同理心的表达”，待孩子情绪发泄完了，用生动又富有教育意义的小故事予以开导。

生活懒散

孩子饮食起居、玩耍学习没有规律，要怎样就怎样。睡懒觉，不吃饭；白天游游荡荡，晚上看电视到深夜等。这样的孩子往往长大后缺乏上进心、好奇心。做人得过且过，做事心猿意马，有始无终。

应对策略：教育孩子不如影响孩子，以身作则做榜样。要求孩子做到的自己先做到。父母在事业上的努力和上进心和对社会的责任感，能影响孩子一生。

祈求央告

孩子吃饭睡觉得大人哄，承诺讲3个故事才把饭吃完。越央求他，他越扭捏作态。不但孩子学不会明辨是非，更培养不出责任心和落落大方的性格。

应对策略：家长无节制地满足孩子的需要，不仅导致孩子的依赖心理，而且易使孩子以自我为中心，养成自私贪心的恶习。延迟满足和适当满足，父母在家庭教育中需要有界限和原则，一开始不同意的事情就坚持原则，执行到底。

包办代替

三四岁的孩子还要喂饭，不会穿衣。五六岁的孩子还不做任何家务事，不懂得劳动的愉快和帮助父母减轻负担的责任。这样包办下去，必然培养不出一个勤劳、善良、富有同情心的能干、上进的孩子。

应对策略：大人不强逼他去做，也不包揽，引导孩子独立完成。

大惊小怪

初生牛犊不怕虎。孩子不怕水，不怕黑，不怕摔跤，不怕病痛。摔跤以后往往自己不声不响爬起来继续玩。那为什么后来有的孩子反倒胆小爱哭了呢？那往往是父母和祖父母造成的。孩子有病痛时表现惊慌失措，娇惯的最终结果是孩子不让父母离开一步。这些孩子就打下了懦弱的烙印。

应对策略：孩子是父母的希望，家长对孩子悉心培育、满怀期待是无可厚非的，但要把握好“度”父母越呵护，孩子越逆反。

剥夺独立

为了绝对安全，父母不让孩子走出家门，也不许他和别的小朋友玩。含在嘴里怕融化，吐出来怕飞走。更有甚者，有的孩子成了“小尾巴”，时刻不能离开父母或老人一步。搂抱着睡，偎依着坐，驮在背上走。这样的孩子会变得胆小无能，丧失自信。

应对策略：孩子要“摔打着养活”。放开束缚孩子的手，让他有能力依靠自己健康地成长。

害怕、哭闹

从小被迁就的孩子在不顺心时常常以哭闹、睡地、不吃饭来要挟父母。溺爱孩子的父母就只好哄骗、投降、依从、迁就。害怕孩子哭闹的父母是无能的父母，打骂爸妈的孩子会变成无情的逆子，在性格中播下自私、无情、任性和缺乏自制力的种子。

应对策略：教育子女是一项长期而艰苦的事情，要有长期的计划和短期的安排。同时，还要注意耐心细致，具体周到。

当面袒护

有时爸爸管孩子，妈妈护着：“不要太严了，他还小呢。”有的父母教孩子，奶奶会站出来说话：“你们不能要求太急，他大了自然会好。你们小的时候，还远远没有他好呢！”这样很难教好孩子的。全无是非观念，而且时时有“保护伞”和“避难所”，孩子容易性格扭曲。

应对策略：家庭中的养育者价值观不统一最容易让孩子钻空子，容易形成当面一套背后一套的人格模式。建议可以定期开家庭会议，讨论最近家庭出现的育儿矛盾，并集体拿出解决方案。

上述 9 种溺爱的形式是比较典型的例子，不是每个家庭全部都有的。但是一般家庭都会有几种，或者都有，只是程度不一样，这也是值得警惕的。我们要以科学的爱来保护孩子的健康成长。溺爱不是爱，是严重的伤害！溺爱下的孩子身体长高了，年龄长大了，但是“人格状态”却是儿童心智模式。溺爱是培养不出“人类成人”的。

在养育孩子的过程中，年轻的父母往往容易接受新的教育理念。如关注孩子成长的敏感期、接纳孩子的情绪、洞悉孩子的天赋力、建立家庭规则和序位关系、给孩子适度的自由、把选择权留给孩子、让孩子经历适度的挫折等先进的育儿理念。而老人对新鲜事物接受力比较慢，在育儿的过程中容易出现一些问题，有时候会演化成家庭冷战的局面。很多的年轻妈妈渴望改变老人的育儿方式，却收效甚微。如何解决老人接受新理念慢，年轻妈妈渴望改变这种情况，可以试试“创造性接纳原则”。

创造性接纳的原则

当痛苦排山倒海而来时，我很快发现我以两个态度去面对我的困境——我可以带着痛苦去面对，或者试着转化那个痛苦，使它变成一股创造的力量。我决定跟随后者。

仇恨麻痹了生命，爱使生命自由。仇恨使生命困惑，爱造就了生命的和谐乐章。仇恨使生命暗淡无光，爱使生命发光发热！

——马丁.路德.金

我始终相信“爱可以化解一切矛盾”。年轻的父母能够发自内心地去关爱老人，老人自然会转化。

年轻的女儿和自己妈妈的对话

身体姿态：面对面站着或是坐着

首先引导她们闭上眼睛深呼吸几次。引导她们互相拉着手注视对方，以建立深层次的连接，然后手分开，保持目光的对视。

女儿：“妈妈，感谢你给我生命，并把我抚养长大！谢谢您！”

老人只是站着听，刚刚还固执的脸上开始松动，眼睛里开始溢出湿润的东西。

女儿：“妈妈，这么多年来，你不仅养育了我，现在还帮我带孩子，您辛苦了！”

给妈妈深深鞠一躬！

我始终相信爱能摧毁一切隔阂，也能重建任何关系。

老人：“女儿，你们年轻，接受新鲜事物快，学习力强。我老了，教育观念落后了，今后在小宝的教育上，多和你沟通，以你为主！”

老人只是复述我的语言，但是当这么说时，女儿的心开始溶解。

老人："以前我有做得不对的地方，今后我愿意学习和改进，都是为了小宝的未来。"

年轻的女儿："妈妈，对不起，我以前态度不好，说话太急，伤害了您，对不起！"

老人哭了，失声痛哭！她们非常想拥抱！我进一步引导：

年轻的女儿："妈妈，我今后会更加尊重您。孝顺最难的是'耳顺'，我做得不好，伤害了您，对不起！我会学习更多沟通的方法，好好和您说话。妈妈，您相信我！"

老人哽咽着："我相信！"

爱，如其所是，而非如己所想！

让隔代不再是问题

这本书的读者，更多是年轻的父母们，不过，在最后一章，我很想对老人们说说话：

- 老人是孩子家庭教育的候补队而不是主力军。当年轻的父母在时，把教育孩子的"权杖"交还给自己的子女，放手是最大的智慧。
- "活到老，学到老"，创建自己广泛的兴趣爱好，打太极拳、弹古琴、走模特队都是不错的选择。
- 多听家庭教育的广播类节目，学习新一代的育儿理念。
- "五十知天命，六十耳顺，七十而从心所欲不逾矩"，什么好话坏话听听就罢，难得糊涂才得长寿。

- 家庭聚会多夸孩子优点，多讲年轻父母小时候勇敢、智慧的故事。
- 定期体检，合理养生。
- 每年至少旅游一次，世界很美好，我们去看看。
- 做好家风建设，使家庭在文明、和谐、健康、向上的氛围中不断发展。
- 常常在子女面前谈“爱国”的话题，引导子女多为祖国建设做贡献。

篇后语

《育出生命奇迹》是我多年讲课的手稿。感谢我的众多高级智慧导师，他们让我拥有了更多“爱的能量”。我把写书看作是爱的能量向外流出，这样为更多爱的能量流入腾出了空间。我很快发现，这一过程时如此美好，美好到想要更多的分享。2018 年开始酝酿《奇迹三部曲》，更多的育儿新奇的理念和生命的自体疗愈在第二本书和第三本上。为了感谢读者对这本书的喜爱，我想在这里分享一下“流出”，也就是“施”的智慧。因为大自然憎恨真空，当你流出，你就创造了必须流入的空间。给予本身就成了回报。而这本育儿的小册子就是这样来的。

流出是一件熟能生巧的事情。为了得到那种流出的美好体验，你必须有意识地进行练习。如果你想在这一部分有所扩充，你可以尝试以下的练习。

• 用你所能想到的尽可能多的方法，向其他人更多地表达你对他们的欣赏。现在就坐下来，列出一张清单，写上你乐意向他流露和欣赏的人名，并想出你可以运用的表达方式。你可以采用很多流出的方式：言语、肢体接触、一份礼物、一个电话、一封信、金钱。

• 选择那些让你感觉特别好的事情，即使对你来说做到它有点难度。练习适时对人使用更多表示感谢、欣赏和爱慕的言语。“衷心感谢你的帮助。”“我想让你知道，我对此十分欣赏。”“你说那些事情的时候，眼睛闪闪放光，非常漂亮，看到你我真开心。”（说这些话的时候，即便有一些尴尬也没关系。）

• 检查一下你的个人物品，找出那些你不想使用或不经常使用的物件，把它们送给会更喜欢它们的人。

• 如果你是一个用钱节约、喜欢讨价、还价的人，你可以尝试着每天花一点钱在不必要的事情上。额外多花一点钱犒劳自己，给朋友的咖啡买单，或者做一些捐赠。即便是这样的一个小小行为，也足以成为一个看得见的证据。表明你相信你在肯定陈述中所肯定的：宇宙是一个丰盛之地。在这里，行为上的肯定等于言辞上的肯定。

• 从收入中捐出一部分。将你的收入的一定百分比捐给公益团体、基金会、困难人群或任何你觉得值得为之做出贡献的团体或个人。这是支持能量流动的一种方式，同时也是答谢你从宇宙那里接受的一切，所以你拿出一部分回馈给宇宙。这个百分比是多少没关系。即使是收入的百分之一，也会给你带来持续的流出体验。

• 新点子。为了你自己和他人的利益，想象其他能量流出的方式。法布施得智慧，财布施得财。

• 真幸福太重要了，重要到不能没有耐心，不能匆匆忙忙，也不能随意对待！

所以，请您在读到这本书时，也流出一下，转赠或介绍给更多需要的家长，我带着全身心的爱感谢您的恩典！